MEUBLES ET CADRES EN BOIS PEINT

MEUBLES ET CADRES EN BOIS PEINT

ANNIE SLOAN

EDITIONS FLEURUS

Editions Fleurus, 11, rue Duguay-Trouin, 75006 Paris

A Ma Mère, Dolorès

Titre original en langue anglaise : *Simple Painted Furniture*
Traduction française : Jean-Noël Chatain

Photos : David Murray et Michael Murray

Imprimé en Espagne
Dépôt légal à la date de parution
ISBN 2-215-01993-X
1re édition

SOMMAIRE

INTRODUCTION

Un rangement pour votre matériel
Récupérez un vieux tiroir. Placez-y quelques planchettes de bois pour former des compartiments. Vous pourrez ainsi ranger crayons, pinceaux, tubes de peinture dans des casiers séparés.

En Europe, l'histoire du mobilier peint débute lorsque les Hollandais ouvrent les routes commerciales vers l'Orient et rapportent de Chine des objets laqués. Au XVIIe siècle, ces laques orientales rencontrent un tel succès que la demande a tôt fait de dépasser les possibilités commerciales : il faut plusieurs mois pour qu'un meuble soit envoyé en Chine et en revienne laqué. Les Européens essayent alors de copier ce procédé, développant ainsi l'art de la « chinoiserie ». Chaque pays élabore sa propre méthode, utilisant divers vernis, colles et pigments, jusqu'à ce que naisse un véritable style occidental de mobilier décoré.

L'artisanat populaire des pays nordiques influença aussi l'art du mobilier peint. Celui-ci était notamment très développé en Suède, en Bavière et en Suisse, où l'on décorait les meubles pour égayer la monotonie des soirées d'hiver. Les immigrants scandinaves et allemands importèrent ces techniques décoratives aux Etats Unis, et donnèrent ainsi naissance au style connu sous le nom de « hollandais de Pennsylvanie ».

Comme le bois de qualité se faisait rare et cher au XIXe siècle, le papier mâché peint se répandit en Europe tandis que se raréfiait le meuble décoré. Aujourd'hui, il revient à la mode. La pléthore de meubles en pin, qu'on trouve aussi bien neufs que d'occasion, a encouragé les gens à se faire la main en personnalisant leur mobilier. J'espère que cet ouvrage encouragera d'autres personnes à réaliser leur propre production, en optant pour les styles traditionnels ou en testant des techniques plus nouvelles.

CHOISIR LE MEUBLE À DÉCORER

En préparant ce livre, ma plus grande joie fut de transformer du mobilier dont personne ne voulait plus, en lui donnant ainsi une nouvelle jeunesse. J'ai écumé brocantes et salles des ventes et récupéré des meubles dont se débarrassaient mes amis. Une fois décapés, ils constituent un support idéal, à condition de réparer les petits dégâts causés par endroits.

Lorsque je choisis un meuble pour le décorer, je cherche toujours une forme intéressante ou peu banale. J'ai vite appris à ne pas me laisser rebuter par des vernis noirs, qui peuvent se décaper, ni par des poignées horribles, qui peuvent très bien se remplacer.

Garder longtemps des pinceaux
Vous pouvez garder des années des pinceaux de bonne qualité si vous y faites attention. Pour faire durer vos pinceaux, nettoyez-les soigneusement après chaque séance avec le diluant approprié (white spirit pour les peintures à l'huile, eau pour les acryliques), puis à l'eau savonneuse. Rincez-les abondamment et conservez-les pointes en l'air pour que les poils ne s'écrasent pas.

PEINDRE UN MEUBLE

Tout d'abord, il faut trouver un endroit pour travailler. Pour la plupart des gens, décorer un meuble équivaut à envahir temporairement la cuisine. Je vous recommande donc d'utiliser une émulsion acrylique plutôt qu'une peinture à l'huile, car elle sèche rapidement, sans odeur, et se dilue à l'eau ; vous nettoierez donc plus facilement vos pinceaux. J'ai quant à moi utilisé de la peinture à l'huile, plus résistante, mais quasiment tous les modèles se prêtent à l'acrylique.

Le choix des styles et des couleurs est si étendu que c'est un réel plaisir de chercher une idée de motif. Certains meubles semblent se prêter à tous les traitements, d'autres imposent quasiment un style et une technique. Pour la sous-couche (ou couche de fond), j'ai choisi le plus souvent une peinture « coquille d'œuf », car elle offre un léger lustre, peut se mélanger avec des couleurs à l'huile, et son fini résistant est idéal pour les tables et les chaises. Malheureusement on n'en trouve pas partout. Optez alors pour une peinture à l'huile de même teinte, bien diluée ; ou pour une émulsion à l'eau qui séchera vite, mais sachez qu'on ne peut pas y ajouter des couleurs à l'huile, ni peindre à l'huile par-dessus. Demandez toujours conseil au vendeur pour être sûr de la compatibilité des différentes peintures choisies.

Tout au long de l'ouvrage, j'utilise une peinture « blanc cassé ». Il en existe une bonne dizaine de variantes et les noms des couleurs changent selon les modes.

Sur la plupart des meubles, j'ai utilisé un vernis semi-brillant au polyuréthanne, mais vous pouvez employer tout aussi bien un vernis mat ou un brillant. Lors de son achat, exigez toujours qu'il soit transparent et qu'il ne jaunisse pas.

PETITS TRUCS

♦ Vérifiez bien que le meuble est en bois massif et non en contre-plaqué. Traitez-le contre les vers. Méfiez-vous des épaisses couches de peinture qui nécessitent des heures de décapage.

♦ Préparez bien la surface avant de peindre ; bouchez les trous et poncez correctement avant la première couche. Protégez-vous des salissures avec de vieux chiffons.

♦ La ventilation de l'atelier est capitale. Décapant, white spirit et vernis sont très inflammables. Evitez donc de fumer et ouvrez toujours les fenêtres.

♦ Pour protéger vos mains des décapants et du white spirit, portez des gants en PVC ou en vinyle plutôt qu'en caoutchouc ou en polyéthylène.

♦ Veillez à ce que votre sous-couche soit la plus lisse possible ; au besoin, poncez-la au papier de verre humide, puis sec. Laissez bien sécher entre chaque couche.

♦ Lorsque vous peignez une table ou une chaise, retournez-la et commencez d'abord par les pieds.

♦ Appliquez les glacis colorés et autres peintures en couches fines pour éviter un rendu trop compact.

♦ Notez que le glacis dit « transparent » a souvent une teinte blanc cassé ou miel dans le pot.

♦ Enfin, si vous avez le moindre doute concernant les émulsions, acryliques, peintures à l'huile et autres vernis, reportez-vous au glossaire page 92.

Hormis les couleurs normalisées (terre de Sienne brute ou terre d'ombre brûlée, par exemple), les autres noms que j'emploie comme « rouge coquelicot » et « blanc cassé » sont purement descriptifs, chaque marque ayant ses propres dénominations.

RÉALISATIONS

ENCOIGNURE - GLACIS ET POCHOIR

CE BUFFET D'ANGLE était si hideux quand je l'ai vu la première fois que j'ai hésité. Puis je me suis décidée, pensant pouvoir le transformer en joli meuble. Typique des meubles anglais du XIXe siècle, il avait de grandes étagères très décorées et des miroirs.

Chez moi, je séparai soigneusement les deux corps du buffet. J'ai décoré ici la partie haute. Je découvris qu'on l'avait passé au noir d'ébène puis, plus tard, peint en blanc. Un expert et un ami antiquaire m'assurèrent qu'on ne pouvait pas le restaurer. Je décidais donc de lui donner une nouvelle vie, tout en cherchant quel fini lui conviendraït le mieux.

Je m'inspirai d'un petit meuble aux filets dorés que j'étais en train de restaurer et qui, selon le même antiquaire, était de style « campagnard », mais sans grande valeur. Je choisis de reproduire les mêmes filets dorés sur mon encoignure.

Amusée par son air grandiloquent, j'ai garni l'intérieur d'une cotonnade sur laquelle j'ai créé un riche effet damassé en imprimant des motifs d'époque, et j'ai posé un galon. J'ai poché l'extérieur avec un vert soutenu. Et pour parfaire l'ensemble, j'ai ajouté de la cire à dorer sur les bordures.

Imprimer au polystyrène
Pour l'intérieur de l'encoignure, j'ai découpé des tampons dans du polystyrène. J'ai opté pour des motifs traditionnels pour rester dans le style. Il suffit d'un peu d'imagination pour créer divers motifs et les formes les plus simples offrent souvent le meilleur effet. Testez votre motif sur un morceau de papier pour juger du rendu.

MÉTHODE

♦ Appliquez la sous-couche et laissez sécher.

♦ Recouvrez d'un glacis teinté dans les tons de la sous-couche et pochez. Laissez sécher le vernis uniformément.

♦ Coupez un morceau de cotonnade et collez-le à l'intérieur. Recouvrez-le d'une sous-couche.

♦ Découpez les blocs à imprimer. Le polystyrène convient bien car le glacis ne le pénètre pas trop rapidement. Imprimez les motifs de façon irrégulière. Laissez sécher.

♦ Recouvrez d'une fine couche de vernis transparent semi-brillant au polyuréthanne, mélangé à un peu de peinture d'un ton adéquat. Ceci fixera la surface et fera ressortir la couleur du fond.

♦ Frottez les moulures et les parties sculptées avec votre doigt trempé dans de la cire à dorer. En dorant la surface, vous rehausserez les contours.

♦ Vous pouvez coller un galon d'un ton assorti le long des bords pour dissimuler les raccords.

L'intérieur de ce buffet était tapissé d'un horrible papier peint bleu pâle insipide. L'enlever ne fut pas une mince affaire et le bois se révéla de qualité médiocre. J'ai pensé que le meuble avait dû être garni de tissu à l'origine, et j'ai donc collé une cotonnade à l'intérieur. J'ai rasé l'excédent de tissu au cutter.

Une fois le collage bien sec, j'ai passé une couche de peinture à l'eau, en mélangeant une émulsion blanc cassé avec de l'oxyde de chrome et de l'acrylique vert monacal. Plutôt que d'acheter une étoffe damassée, j'ai taillé deux blocs de polystyrène, et j'ai imprimé les motifs dans une nuance plus foncée que le tissu. J'ai peint le galon dans le même ton, puis je l'ai légèrement frotté à la cire à dorer pour rappeler les bordures du buffet.

TABLE TROMPE-L'ŒIL

CETTE TABLE est sans doute le meuble le plus simple de ce livre. Je l'ai transformée en une jolie table pour le petit déjeuner. La technique du trompe-l'œil ne manque pas de charme, à condition de ne pas vouloir en faire trop. Les meilleurs effets sont obtenus lorsque les thèmes restent simples.

Pour être crédible, le trompe-l'œil doit s'inscrire de façon réaliste dans la composition. Le sujet doit toujours être peint de façon exacte et dans sa taille réelle, l'illusion n'étant pas convaincante avec des objets trop réduits, trop agrandis, ou tronqués comme sur une photographie.

Une peinture compliquée se révèle difficile à réaliser en trompe-l'œil mais si vous optez pour un sujet très simple - une nappe par exemple -, l'effet est garanti. Je préfère cette table lorsque les abattants sont repliés, si bien que l'on s'aperçoit qu'il s'agit d'une nappe peinte.

L'idée pouvait se traiter de différentes façons : en peignant une nappe en vichy rouge et blanc par exemple, ou « brodée » d'une frise fleurie. Pour ma table à petit déjeuner, j'avais l'idée d'une simple nappe en coton qui s'harmoniserait bien avec ma vaisselle campagnarde bleue.

Les détails qui trompent l'œil
Ne pas négliger deux points essentiels. Primo, chaque image doit être représentée dans sa taille réelle afin d'être crédible. Secundo, chaque image doit s'inscrire de façon réaliste dans la composition. Sur une table, vous pouvez mettre deux ou trois couverts, voire une serviette ou une assiette, comme sur cette illustration. Inutile de créer une œuvre d'art, optez pour un sujet drôle ou agréable à l'œil, l'effet n'en sera que plus saisissant.

Sous-couche *couleur crème*

Pinceau ordinaire *pour appliquer la sous-couche*

Vernis transparent semi-brillant *au polyuréthanne pour fixer et protéger le plateau de la table*

Pinceau fin *pour les filets*

Règle *pour tracer des filets bien droits*

Ruban-cache *pour délimiter la zone à peindre*

Peinture à l'huile *bleu de cobalt, à mélanger à la peinture crème*

MÉTHODE

♦ Utilisez un adhésif et du papier pour délimiter les zones à décorer. Pour peindre une nappe, commencez toujours par les angles.

♦ Appliquez la sous-couche et laissez bien sécher. Une peinture coquille d'œuf convient particulièrement car elle offre un fini résistant. La surface obtenue sera moins brillante qu'une laque et simulera mieux une nappe. Faites plusieurs applications, jusqu'à l'obtention de la couleur requise.
Poncez entre chaque couche.

♦ Pour les filets, servez-vous d'une règle et d'une brosse fine, chargée de peinture à l'huile de préférence, pour effacer plus facilement les bavures.

♦ Ajoutez d'autres détails en trompe-l'œil, en prenant soin de choisir des images qui feront vrai. Elles doivent venir en taille réelle pour être crédibles.

♦ Laissez sécher puis appliquez une ou plusieurs couches de vernis semi-brillant. Si votre nappe est blanche, n'étalez qu'une seule couche diluée dans du white spirit pour garder l'éclat du blanc. Vernissez plusieurs fois les zones non décorées.

Avant de peindre la table, j'ai délimité un carré à l'aide d'un ruban adhésif, comme si une nappe était posée sur le plateau, ses angles pendant sur les côtés. J'ai opté pour une couche d'impression coquille d'œuf car elle est résistante et n'a pas besoin d'être vernie. J'ai peint l'intérieur des zones masquées à l'adhésif avec une peinture crème. Après avoir ôté le ruban-cache, j'ai trouvé les bords trop rectilignes. Pour y remédier, j'ai appliqué les deux autres couches au pinceau, sans adhésif, afin que les bords paraissent plus naturels, comme s'il s'agissait d'un tissu. Après séchage, j'ai pris une règle et une brosse fine et j'ai ajouté des filets, en mélangeant une peinture coquille d'œuf bleue à un bleu de cobalt à l'huile. La première ajoute de la profondeur à la couleur sans trop de brillance, la seconde donne de l'éclat à la tonalité. Enfin, j'ai protégé la surface avec un vernis transparent semi-brillant. Pour conserver la blancheur de la nappe, je n'ai appliqué qu'une couche.

CONSOLE DEMI-LUNE - IMPRESSIONS

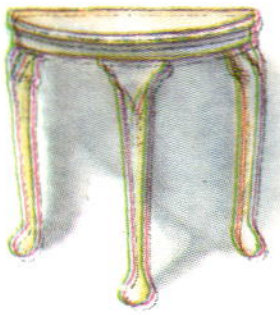

UN AMI AVAIT ACHETÉ cette console demi-lune dans une brocante et elle me plut tout de suite. Bien qu'elle n'ait aucune valeur, je l'ai trouvé extrêmement élégante et très adaptée à une décoration peinte. Dans le passé, ce meuble aurait décoré le coin d'un vestibule ou d'une salle à manger et, même aujourd'hui, elle peut se révéler pratique.

Mon choix pour les motifs et les couleurs fut influencé par une petite table XVIIIe aperçue dans un musée parisien, laquée de teintes fraîches, bleu et crème, évoquant un plateau - peut-être l'utilisait-on pour le thé.

J'aimais particulièrement ses pieds en « sabots de chèvre ». Son décor a peut-être été inspiré par la porcelaine bleue et blanche que l'on importait en grandes quantités en Europe à cette époque.

Comme j'hésitais dans le choix des motifs, j'avais besoin d'une technique assez souple. J'ai donc opté pour une sous-couche coquille d'œuf, réservant les couleurs à l'huile pour la décoration. Comme ces peintures mettent du temps à sécher, je pouvais modifier mes dessins jusqu'à l'obtention du résultat voulu. Je souhaitais des motifs classiques, tout en conservant un léger aspect patiné.

Plutôt que de travailler au pinceau, j'ai donc préféré une technique avec laquelle j'obtiendrais des formes un peu imparfaites, mais régulières, ce qui est important lorsqu'on reproduit un même motif. J'ai fini par utiliser des morceaux de carton ondulé pour les arabesques et les nids d'abeille, et le couvercle du pot de peinture et un compas de fortune pour les formes circulaires.

Avant de procéder à l'impression des motifs, j'ai peint la table d'une légère couche crème « vieillie » qui met merveilleusement en valeur les motifs bleu de Prusse. Je rendais ainsi hommage au mobilier français du XVIIIe siècle.

Impression au carton
Les motifs complexes sont simplement imprimés à l'aide de bandes de carton ondulé, déchirées puis trempées dans de la peinture à l'huile. On voit sur l'illustration qu'il est facile d'obtenir divers effets avec de simples bouts de carton.

MÉTHODE

♦ Appliquez la sous-couche. Laissez sécher puis poncez avec du papier de verre sec, puis humide. Répétez deux autres fois. Lorsque c'est sec, appliquez une quatrième et dernière couche et poncez de nouveau pour un fini bien lisse.

♦ Si le meuble présente des moulures ou des détails sculptés, appliquez de la peinture à l'huile (la terre d'ombre convient à merveille) dans les cavités et sur les arêtes, avec un pinceau fin.

♦ Au bout de cinq minutes, quand la peinture commence à prendre, frottez les bords avec un chiffon pour obtenir un aspect patiné. Vous pouvez recommencer l'opération pour une finition plus élaborée.

♦ Pour les demi-cercles, fabriquez un compas de fortune avec une ficelle, un crayon et une punaise. Déterminez le centre du diamètre arrière, piquez-y la punaise en prenant la ficelle, et tracez le contour avec le crayon. Vous pouvez peindre cette ligne au pinceau fin.

♦ Complétez le dessin par des impressions avec des morceaux de carton, un pochoir, ou à main levée.

♦ Une fois la surface sèche, frottez à la laine d'acier pour vieillir le meuble. Appliquez un vernis teinté semi-brillant.

Lorsqu'on m'a offert cette console, elle était laquée en blanc, par-dessus un vernis ; cette surface ne convenait pas du tout pour la peinture, car elle s'écaille facilement. Je mis quatre heures pour gratter la laque. J'ai appliqué ensuite du décapant et j'ai pu enlever presque tout le vernis au grattoir. Pour le piétement et les moulures, j'ai travaillé à la laine d'acier trempée dans du white spirit.

Une fois la surface sèche, j'ai passé trois couches de couleur crème et j'ai frotté un mélange bleu de Prusse sur les moulures du bord du plateau. Pour les arabesques, j'ai déchiré des petits bouts de carton ondulé de cinq à sept centimètres, et les ai trempés dans la peinture pour imprimer droites et courbes.

Après séchage, j'ai frotté toute la table à la laine d'acier pour supprimer le moindre défaut de surface, en effaçant presque entièrement certains endroits pour obtenir une patine antiquaire.

Enfin, j'ai appliqué une couche de vernis transparent satiné, teinté de bleu cobalt et d'ombre brûlée à l'huile et de coquille d'œuf crème ; ceci afin de « salir » le vernis et contribuer à l'aspect patiné.

▲ *J'ai dessiné les courbes à l'aide d'un crayon tendu par une ficelle. Les demi-cercles du centre peuvent se réaliser avec un couvercle ou une assiette.*

▶ *J'ai imprimé les volutes et les arabesques au moyen de bandes de carton et j'ai peint au pinceau les points et les pétales.*

MIROIR - IMPRESSIONS VÉGÉTALES

C'EST L'ENCADREMENT D'UN TABLEAU aperçu chez des amis italiens qui m'a inspiré la décoration du cadre de ce miroir. En l'achetant, j'avais eu une légère appréhension car je détestais son vernis épais et sombre. Mais j'étais sûre qu'il deviendrait plus attrayant une fois peint dans une couleur plus claire. A l'origine, il se suspendait sur une base, mais ses gros cercles dans les coins l'alourdissaient tellement que j'ai déplacé la chaîne pour le suspendre sur une pointe.

Pour la sous-couche, j'ai alterné peinture et essuyage au torchon sec, afin d'obtenir un aspect délavé assez saisissant. J'ai chargé ma brosse de peinture pour la passer dans les angles délicats et sur les moulures, avant de frotter à l'éponge humide pour bien répartir la couleur. J'ai retiré l'excédent avec un chiffon de coton propre, avant que la peinture ne sèche.

J'ai terminé en imprimant des motifs géométriques à la pomme de terre sur la surface peinte, pour rappeler la forme du cadre et rythmer le décor. Il ne faut pas négliger cette technique d'impression végétale, car elle offre un résultat légèrement imparfait mais agréable à l'œil. Les légumes sont d'un emploi facile pour l'impression et on a presque toujours une pomme de terre sous la main ! Bien que beaucoup de gens considèrent la « patatogravure » comme naïve et réservée aux enfants, on peut obtenir des résultats raffinés en sculptant la forme choisie avec régularité et en appliquant la peinture avec soin.

Tester différents motifs
Les losanges se réalisent très facilement avec une demi-pomme de terre ou un morceau de carotte et un couteau bien aiguisé. Vous pouvez créer toutes sortes de motifs. Utilisez des bouchons, des vieilles gommes et d'autres objets comme tampons, en testant les couleurs et les formes, jusqu'à ce que le résultat vous plaise.

***Emulsion** blanc cassé pour peindre et essuyer le cadre au chiffon*

***Morceau de bois** pour mélanger les couleurs*

***Eponge et eau** pour enlever l'excédent de peinture*

***Papier et ruban-cache** pour protéger le miroir*

***Tampons :** pommes de terre et gomme ; couteau à légumes pour tailler les motifs*

***Couleurs acryliques :** oxyde de chrome, outremer, gris de Payne et blanc de titane*

***Brosse ronde** en soies de porc pour peindre les arêtes et les moulures*

MÉTHODE

♦ Protégez la glace avec un cache pour éviter les éclaboussures, appliquez la sous-couche et laissez sécher.

♦ Vous pouvez peindre au chiffon. Procédez en appliquant une couche assez diluée de peinture (huile ou acrylique), puis essuyez avec un linge sec avant séchage. Vous vous y reprendrez sans doute à deux fois avant d'être satisfait. Si le résultat vous semble trop chargé, effacez simplement avec une éponge ou un chiffon humides.

♦ Tant que la peinture est encore humide, essuyez la couleur sur les sculptures ou moulures avec un chiffon ou une éponge propre, puis rehaussez-les d'un ton plus clair à l'aide d'une brosse en soies de porc.

♦ Prenez une demi-pomme de terre ou n'importe quel autre légume et taillez-y un motif ; assurez-vous que la forme soit bien équilibrée et se détache d'un centimètre environ.

♦ Passez la couleur sur le tampon et appliquez-la à l'endroit choisi. Si vous employez une peinture acrylique, sachez qu'elle sèche plus vite que l'huile et qu'elle est d'une tonalité plus foncée. Vous pouvez imprimer à l'aide d'une vieille gomme ou d'un bouchon. Pour obtenir davantage de texture, imprimez une seconde fois les motifs dans un ton plus clair.

♦ Il n'est pas indispensable de protéger un encadrement avec un vernis.

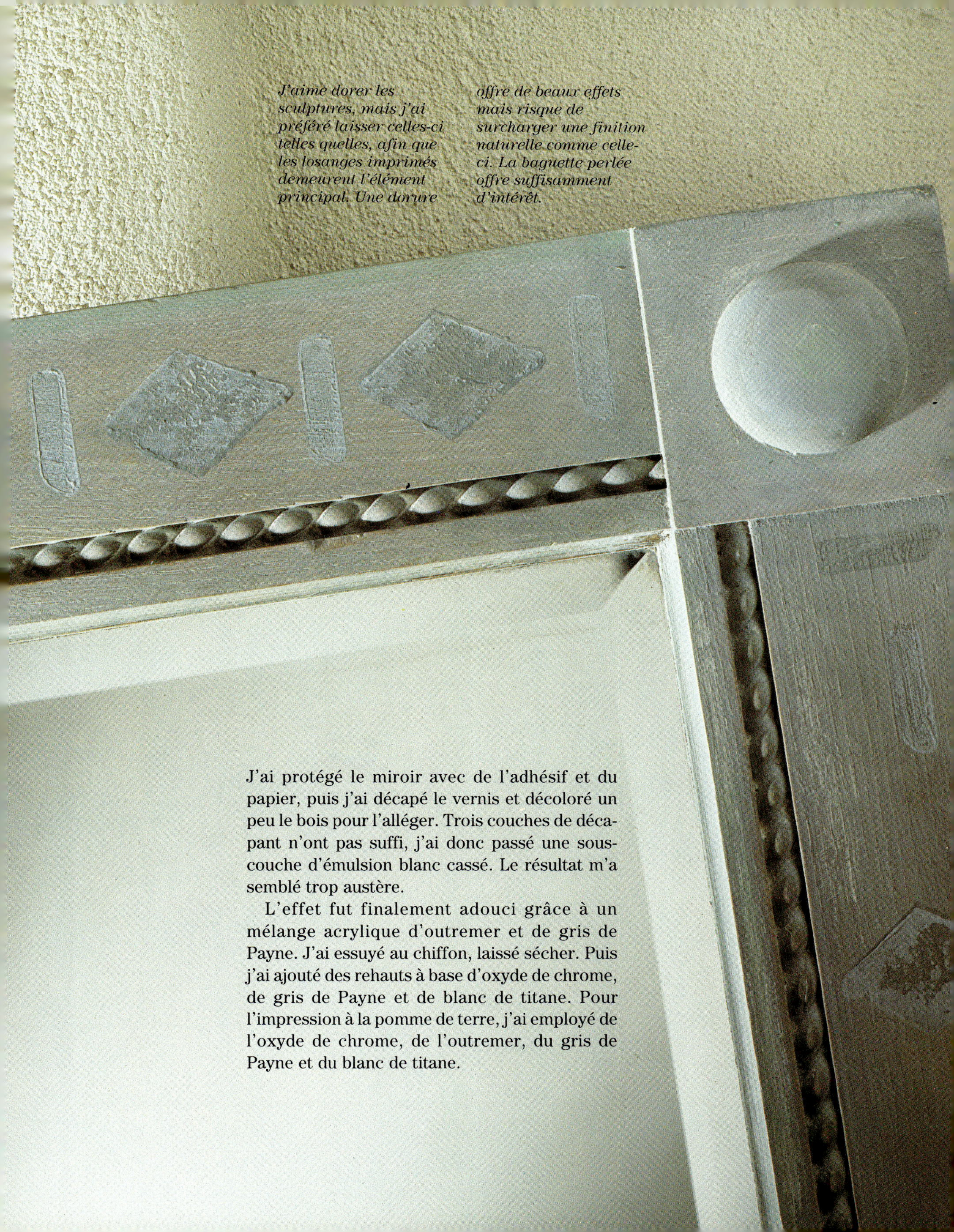

J'aime dorer les sculptures, mais j'ai préféré laisser celles-ci telles quelles, afin que les losanges imprimés demeurent l'élément principal. Une dorure offre de beaux effets mais risque de surcharger une finition naturelle comme celle-ci. La baguette perlée offre suffisamment d'intérêt.

J'ai protégé le miroir avec de l'adhésif et du papier, puis j'ai décapé le vernis et décoloré un peu le bois pour l'alléger. Trois couches de décapant n'ont pas suffi, j'ai donc passé une sous-couche d'émulsion blanc cassé. Le résultat m'a semblé trop austère.

L'effet fut finalement adouci grâce à un mélange acrylique d'outremer et de gris de Payne. J'ai essuyé au chiffon, laissé sécher. Puis j'ai ajouté des rehauts à base d'oxyde de chrome, de gris de Payne et de blanc de titane. Pour l'impression à la pomme de terre, j'ai employé de l'oxyde de chrome, de l'outremer, du gris de Payne et du blanc de titane.

GUÉRIDON À MOTIFS DORÉS - POCHOIR

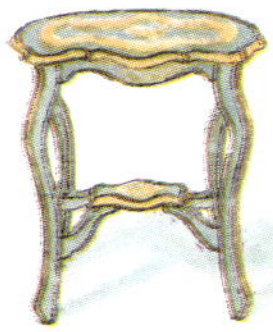

ON TROUVE SOUVENT ce type de guéridon dans les brocantes mais ils ne sont généralement pas très beaux. Celui-ci offrait toutefois une ligne originale et, bien qu'en mauvais état, il était d'une facture solide. Comme je venais d'acheter de la cire à dorer dont j'avais hâte de me servir, je me suis dit que la table serait somptueuse une fois décorée au pochoir. La bordure à festons évoquait le mobilier fin XIXe noirci à l'ébène. Ce fut donc avec enthousiasme que j'élaborais ma décoration. Je possédais chez moi un ouvrage sur les pochoirs de cette époque et j'y trouvais exactement les motifs recherchés.

Pour mon motif définitif, j'ai choisi deux des pochoirs les plus fleuris : l'un au centre du guéridon et l'autre répété en bordure. J'ai utilisé une partie du grand pochoir pour remplir le petit plateau inférieur.

La dorure sans apprêt peut paraître trop voyante et l'on obtient un effet plus luxueux en l'appliquant sur du gesso. Le doré ne doit pas complètement recouvrir le gesso. Laissez transparaître un peu de rouge en décentrant légèrement le pochoir. Ce somptueux mélange rouge et or a métamorphosé mon guéridon qui se fond à merveille dans son environnement.

Le choix des motifs
J'ai choisi mes modèles dans un ancien recueil de pochoirs. Chacun produit autant d'effet utilisé seul ou avec un autre. Il existe des recueils de pochoirs prédécoupés, mais vous pouvez en créer vous-même en utilisant de la carte de Lyon, du papier bulle ou une feuille d'acétate.

Peinture noire *pour la sous-couche*

Vernis transparent *semi-brillant au polyuréthanne pour fixer le décor et lui donner un fini brillant*

Pinceau ordinaire *pour la sous-couche*

Gesso *prêt à l'emploi à utiliser avec le pochoir pour la sous-couche rouge*

Brosse pur sanglier et brosse à pochoir *pour mélanger dorure et gesso*

Deux pochoirs *choisis dans un recueil de motifs*

Cire à dorer *à appliquer sur le gesso*

Cutter et colle *en aérosol pour découper les pochoirs et les maintenir en place*

MÉTHODE

♦ Appliquez la sous-couche (coquille d'œuf de préférence) et laissez sécher.

♦ Découpez les pochoirs dans de la carte de Lyon ou une feuille d'acétate, ou choisissez des modèles prédécoupés.

♦ Fixez le(s) pochoir(s), avec du ruban adhésif ou de la colle à maquette pour pouvoir les déplacer et les replacer convenablement.

♦ Appliquez un gesso coloré sur le pochoir, au doigt ou au pinceau. La peinture à l'huile ou l'acrylique conviennent aussi.

♦ Lorsque la surface est sèche, appliquez la cire à dorer avec votre doigt (en décentrant légèrement le pochoir si vous souhaitez laisser apparaître le gesso). La dorure existe en différents tons, plus jaunes ou plus rouges.

♦ Pour protéger les impressions au pochoir, appliquez une ou plusieurs couches de vernis transparent au polyuréthanne.

J'ai traité le guéridon au xylophène avant de boucher les trous à la pâte à bois, puis j'ai poncé à la laine d'acier. J'ai d'abord passé une sous-couche coquille d'œuf noire. Après séchage, j'ai disposé mes pochoirs et j'ai appliqué du gesso rouge au pinceau. J'en ai passé ensuite sur la bordure, avant d'étaler la dorure, en enlevant l'excédent avec le doigt. J'ai terminé par une couche de vernis transparent semi-brillant.

PLACARD - GLACIS LISSÉ

CETTE PENDERIE EN CHÊNE m'a tout de suite attirée avec ses panneaux en arcades et son rideau. Son style pseudo-gothique évoquait le mouvement « Arts and Crafts », et ses possibilités décoratives m'ont enthousiasmée.

Une fois chez moi, je l'ai observée de plus près et j'ai hésité. L'espèce d'œil-de-bœuf que je n'avais pas remarqué dans la fenêtre me parut horrible et incongru.

La penderie commença à me faire penser à un confessionnal, sans doute à cause du rideau.

La porte étant bloquée, j'ai dû forcer la serrure avec un tournevis, mais je n'ai trouvé qu'une vieille clé à l'intérieur.

J'ai décidé de peindre le placard dans une teinte claire pour l'égayer et lui permettre de s'intégrer dans un environnement contemporain. Le lissage accentue ses lignes et la couleur bleu-vert est très contemporaine.

Différents lissages
J'ai lissé la majeure partie à la queue à battre, mais un vieux pinceau plat fera aussi bien l'affaire. La finition varie selon les couleurs employées pour la sous-couche et le glacis. Choisissez soigneusement vos nuances puisque la couche d'impression transparaît sous le lissage. Dans ces modèles (de gauche à droite et de haut en bas), j'ai lissé de l'outremer sur un fond « pierre » ; du rouge indien et du blanc de titane sur un fond « pierre » ; du cramoisi permanent, du rouge vénitien et du blanc de titane sur un fond bleu Wedgwood ; du jaune ocre sur un fond ocre brun.

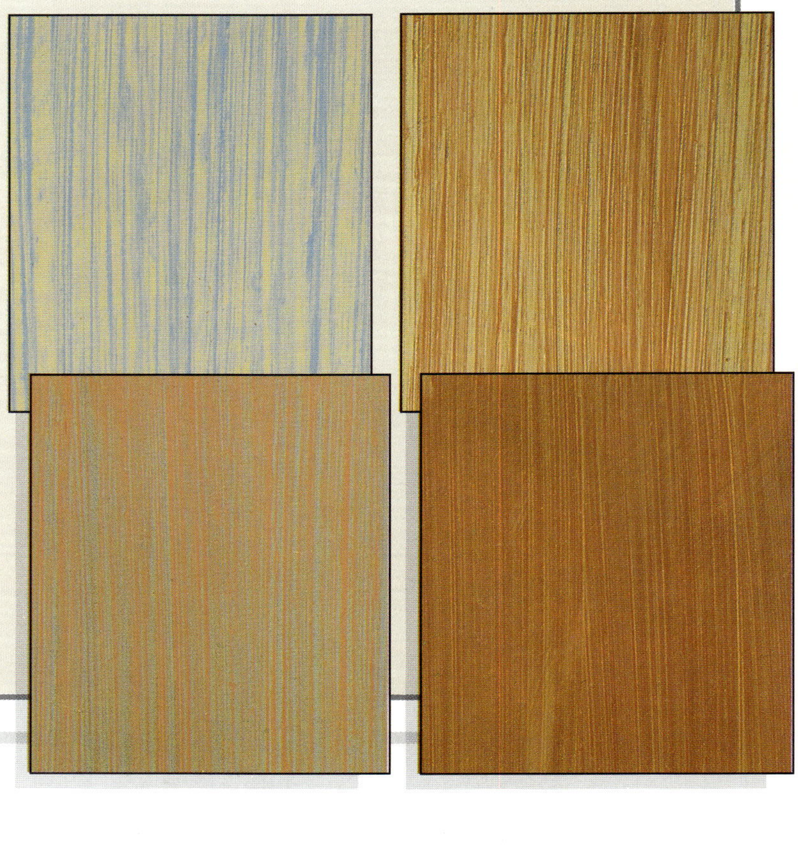

White spirit *pour diluer la peinture*

Glacis transparent *à diluer au white spirit, peinture coquille d'œuf blanc cassé, et couleur à l'huile pour le lissage*

Couleurs à l'huile : *terre d'ombre, vert monacal et bleu de Prusse, à mélanger avec du white spirit et de la peinture blanc cassé, pour le lissage bleu pâle*

Mélange *de terre d'ombre, de bleu de Prusse et de vert monacal à l'huile avec de la peinture blanc cassé pour la sous-couche*

Queue à battre *pour le lissage, pinceau ordinaire pour la sous-couche*

Chiffon doux *pour tamponner les panneaux et les sculptures, en contraste avec le lissage*

MÉTHODE

♦ Masquez les vitres avec du papier et de l'adhésif avant de peindre. Appliquez la sous-couche et laissez sécher.

♦ Préparez un glacis teinté et lissez le support en couches fines à l'aide d'une queue à battre ou d'un pinceau ordinaire. Assurez-vous que la sous-couche et le glacis teinté restent en harmonie.

♦ Si vous le souhaitez, essuyez au chiffon doux les panneaux, les moulures et les sculptures pour obtenir un léger effet brumeux contrastant avec le lissage. Un traitement au tampon serait aussi possible.

♦ Après séchage, passez une ou plusieurs couches de vernis semi-brillant au polyuréthanne pour protéger la surface.

J'ai d'abord nettoyé la penderie pour enlever la cire et la saleté, puis j'ai préparé la surface en la frottant à la laine d'acier. Puis j'ai appliqué une sous-couche crème (coquille d'œuf si possible) pour éclaircir le meuble. Comme il semblait perdre alors un peu de son cachet, j'ai ajouter un bleu-gris qui lui donna aussitôt de l'éclat.

Pour le lissage, j'ai utilisé le même mélange que la sous-couche, mais plus clair. J'ai réalisé un glacis coloré en utilisant de la coquille d'œuf blanc cassé et de la terre d'ombre à l'huile, avec un soupçon de bleu de Prusse et de vert monacal. J'ai appliqué plusieurs fines couches en lissant avec une queue à peindre pour obtenir un effet de veinage. Ceci peut se réaliser également au pinceau ordinaire.

J'ai appliqué un glacis plus foncé sur les panneaux cintrés avant de les essuyer au chiffon doux. Et j'ai fermé mon armoire avec une jolie clef neuve en cuivre.

◀ *Après lissage du corps principal de la penderie, j'ai décidé de mettre en valeur les panneaux et les éléments en bois tourné en les essuyant avec un chiffon doux.*

▲ *J'aimais la couleur moutarde du rideau d'origine et j'ai décidé de ne pas le changer. Il offre un excellent contraste avec les tons gris-vert du bois peint.*

BOIS DE LIT - FINITION ÉRABLE

AVEC SA TÊTE ET SON PIED très hauts, ce lit m'a tout de suite plu pour son originalité. Il m'a semblé de fabrication récente à en croire le style du médaillon. Il était en bon état et avait seulement besoin d'un bon nettoyage, alors que son jumeau exigeait une restauration. La tête de lit spacieuse m'incitait à choisir une décoration « faux bois ».

La pièce à laquelle je le destinais avait des murs jaune soleil,et j'ai finalement opté pour une finition « érable » qui s'harmoniserait à merveille avec cette petite chambre pleine de gaieté.

Si vous souhaitez imiter un bois particulier, prenez le temps d'étudier sa couleur et son veinage pour que le fini soit aussi réaliste que possible.

La tradition des bois de lit décorés doit sans doute beaucoup aux formes généreuses des lits nordiques. Au XVIIe siècle, le mobilier peint abondait surtout en Bavière et sa popularité eut tôt fait de s'étendre à la Hollande, la Suisse et la Scandinavie. Comme le bois était bon marché, facilement utilisable, et les hivers extrêmement rigoureux, un style de lit haut et encastré se développa, notamment à la campagne. Nul doute que mes lits s'inscrivent dans cette tradition.

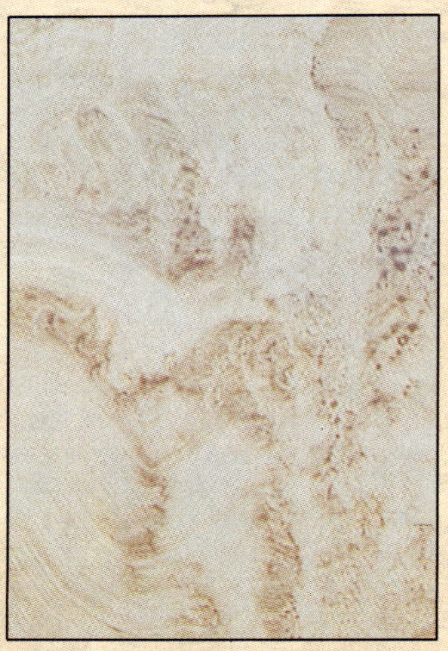

Choisir ses couleurs
Pour la finition bois, j'ai choisi un effet « érable » qui s'harmonise bien avec ma chambre jaune. La couleur et les tons de votre (vos) glacis teinté(s) doivent se rapprocher de l'essence que vous imitez, et vous devez l'avoir bien étudiée au préalable. La sous-couche doit correspondre à la couleur la plus claire du bois et le(s) glacis coloré(s) aux tons les plus foncés. A gauche, j'ai employé de l'outremer et de l'ombre brûlée sur un fond bleu-gris ; à droite, j'ai utilisé plusieurs tonalités de terre de Sienne et de blanc de titane.

Glacis transparent*, white spirit et pinceau ordinaire*

Sous-couche *obtenue par mélange de : peinture coquille d'œuf blanc cassé et brun sourd, avec un soupçon de jaune ocre à l'huile*

Bac à peinture *avec jaune ocre, terre d'ombre brûlée et terre de Sienne brûlée à l'huile pour le glacis teinté*

Linge de coton*, blaireau à estomper et pinceau ordinaire*

Noir d'ivoire *à l'huile et traînard biseauté pour les filets*

Vernis transparent *semi-brillant au polyuréthanne*

MÉTHODE

♦ Appliquez une sous-couche de ton proche de la couleur la plus claire du bois à imiter.

♦ Préparez un glacis teinté dans le ton le plus foncé du bois ; il doit être assez liquide et en harmonie avec la sous-couche.

♦ Appliquez le glacis teinté au pinceau ordinaire, en appuyant à intervalles réguliers pour que la couleur s'étale dans les zones les plus sombres. Pour les petits détails, appliquez le glacis puis repassez la brosse en appuyant et en remuant pour bien étaler la couleur.

♦ Quand la surface commence à prendre, estompez légèrement les tons au blaireau ; essayez d'abord sur une petite zone pour tester son humidité.

♦ Par souci de netteté, vous pouvez souligner certains endroits (moulures ou bordures). Utilisez de la peinture à l'huile et un traînard biseauté. Laissez sécher.

♦ Appliquez une ou deux couches de vernis pour protéger la surface.

J'ai d'abord démonté le lit pour peindre chaque élément à plat, sur une table. Ce qui facilita mon travail, car le glacis était très liquide et je voulais éviter les coulures. Peu importe l'ordre dans lequel vous peignez les éléments. En revanche, chaque face doit être complètement sèche avant de passer à l'autre. J'ai préféré commencer par décorer les côtés, jusqu'à ce que je me sente assez sûre de moi pour attaquer la tête de lit. A ce stade, l'effet paraît peu raffiné, mais si vous attendez un peu que le white spirit s'évapore, le glacis est humide et onctueux, mais pas trop liquide. On peut alors estomper la surface au blaireau pour fondre les tons.

Pour souligner les moulures de la tête et du pied de lit, j'ai passé ma brosse à l'horizontale sur le médaillon ovale ; ce qui produisit un somptueux effet de veinage « œil de tigre ». Le fini légèrement différent des zones sculptées offre un contraste subtil avec le reste du lit.

TABLE - CHIFFON ET FILETS

CETTE TABLE-BUREAU m'a plu pour sa simplicité. Elle était en chêne, mais le veinage n'offrait aucun intérêt. Je savais qu'un peu d'huile de coude la rendrait toute à fait plaisante. J'ai décoré le plateau au chiffon, ce qui lui donna un aspect plus robuste, et j'ai lissé ses pieds délicatement effilés. Complétée des filets du plateau, la décoration donna une certaine élégance à ce qui n'était qu'une table très banale. Il ne lui manquait qu'un détail pour contraster avec la peinture bleue.

Après réflexion, j'ai choisi de peindre des fleurs sur le tiroir. Je décidais de copier le motif floral de mon service de table. Le bleu de la table était si éclatant que mon dessin devait être bien défini.

Il existe de nombreuses techniques pour ce genre de décoration : le dessin et le coloriage, la peinture à main levée, le pochoir ou le découpage. Ceux qui n'ont pas l'habitude de peindre à main levée peuvent dessiner d'abord leur motif au crayon 2B et l'effacer après séchage de la peinture.

Si vous décorez un tiroir, sortez-le d'abord de son logement. Au besoin, poncez les bords ou frottez-les à la bougie, pour qu'il glisse plus facilement. N'oubliez pas de retirer poignées ou boutons avant de commencer la peinture.

Effets au chiffon
Le plateau de cette table a été décoré au chiffon. L'effet obtenu varie selon les couleurs, le tissu utilisé et le temps passé à le tamponner ou à le rouler sur la surface.
Sur ces modèles (de gauche à droite et de haut en bas), j'utilise du cramoisi d'alizarine sur un fond pierre ; de l'outremer et du blanc de titane sur un fond bleu Wedgwood ; du vert monacal et du blanc de titane sur fond rouge coquelicot ; du jaune ocre sur fond terre cuite.

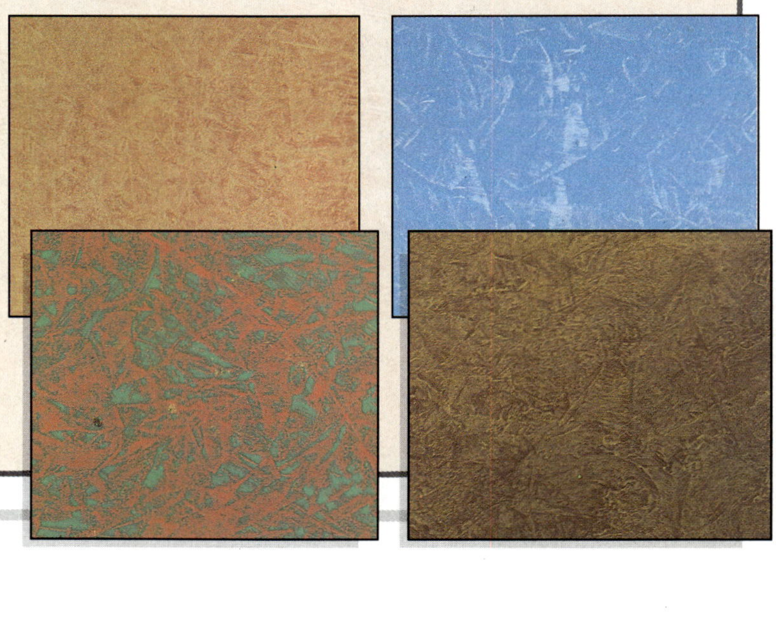

White spirit

Glacis transparent

Pinceau ordinaire *pour lisser les pieds*

Chiffon de coton *à tamponner sur le plateau*

Peinture bleu lumineux *pure et mélangée à du blanc cassé pour la sous-couche*

Traînard biseauté *pour appliquer la terre d'ombre, l'outremer et le blanc de titane à l'huile*

Vernis transparent *semi-brillant pour fixer et protéger la surface*

Assiette à décor floral*, couleurs à l'huile : outremer, jaune ocre, cramoisi d'alizarine et vert clair permanent*

Brosses d'artiste et crayon

MÉTHODE

♦ Appliquez la sous-couche, ou couche d'impression, et laissez sécher.

♦ Pour le lissage et la décoration au chiffon, préparez un glacis dans le ton de la couche d'impression. Pour un glacis bleu, ajoutez jusqu'à un tiers de peinture blanche pour éviter qu'il ne jaunisse en séchant. Etalez en fines couches sur le glacis encore humide, et lissez au pinceau, ou tamponnez au chiffon.

♦ Cherchez un motif. Centrez-le sur la surface et dessinez-le sans appuyer.

♦ Coloriez à l'huile ou à l'acrylique. La première est plus souple car elle sèche moins vite et peut se retravailler assez longtemps.

♦ Pour les filets, préférez une couleur à l'huile d'un ton plus foncé que la sous-couche ; l'acrylique sèche trop vite.

♦ Une fois la surface sèche, vernissez, surtout si vous avez peint à l'acrylique qui s'écaille facilement.

Le vernis de cette table était en bon état, j'ai donc préparé la surface en la ponçant à la laine d'acier pour que la peinture adhère bien. J'ai employé une peinture coquille d'œuf bleu lumineux pour la sous-couche, diluée avec un peu de blanc cassé. Ensuite, j'ai étalé un glacis (mélange de couleurs à l'huile : outremer, terre d'ombre et blanc de titane) au chiffon. Pour le piétement, j'ai appliqué le glacis au pinceau ordinaire, puis j'ai essuyé mon pinceau et j'ai lissé en appuyant suffisamment pour obtenir un léger effet de veinage.

Pour le motif floral, j'ai d'abord situé le centre de la fleur jaune, puis j'ai placé une tache de peinture bien au milieu du tiroir. Ensuite, j'ai appliqué deux autres taches à cinq centimètres environ des boutons, pour délimiter le motif.

J'ai procédé de la même façon pour indiquer l'emplacement des autres fleurs. J'ai ensuite travaillé chacune des couleurs au pinceau.

Enfin, à l'aide d'un traînard biseauté trempé dans un mélange plus foncé d'outremer, de terre d'ombre et de blanc de titane (couleurs à l'huile), j'ai tracé un filet tout autour du plateau.

◀ *Les fleurs peintes à la main ajoutent une note de couleur qui attire l'œil. J'ai choisi des tons de vert, jaune et rouge s'harmonisant avec le bleu de la table.*

▲ *En lissant les pieds, j'ai accentué la hauteur de la table, la rendant ainsi plus élégante. Le lissage contraste avec la décoration au chiffon.*

◀ *J'aime beaucoup l'uniformité du bleu de la table vue de loin. De près on discerne davantage le travail au chiffon. Les filets plus foncés structurent le plateau.*

MALLE VEINÉE

CETTE MALLE M'ÉVOQUAIT tellement des trésors enfouis par d'invincibles pirates que j'ai décidé de la repeindre. A l'origine, c'était juste un vieux coffre tout simple, décoré de simili cuir sur les bords, avec des traverses en bois sur le dessus et des fermoirs rouillés.

J'étais certaine qu'il suffisait de le veiner, en rehaussant certains endroits pour le rendre plus attrayant.

Cette technique visant à imiter les veines du bois m'a toujours intriguée. Lorsqu'elle était à la mode, le moindre récipient était veiné, même les seaux métalliques et les malles en fer blanc.

L'art du veinage se développa tellement qu'on n'avait que l'embarras du choix parmi toutes les imitations: frêne, chêne, noyer, bois de rose, pin et érable. En Angleterre au XIXe siècle, Thomas Kershaw et John Taylor excellèrent dans cet art et exposaient des panneaux veinés si convaincants que les gens refusaient de croire à l'imitation si on ne leur en fournissait pas la preuve.

Si vous souhaitez veiner une malle, une porte ou un meuble, retirez au préalable poignées ou boutons et masquez toujours les ferrures avec de l'adhésif. Pour un fini façon bois, il faut utiliser deux bruns de tons légèrement différents, le plus clair servant de sous-couche.

L'emploi d'une queue à battre ou d'un peigne offre d'excellent résultats, mais on obtient un rendu analogue à l'aide d'un vieux pinceau plat en tirant bien sur la surface.

Pour peindre ma malle, j'ai employé un glacis sombre, mélange d'ombre brûlée avec un soupçon de cramoisi d'alizarine, sur un ton chaud de chocolat pour obtenir un joli effet acajou.

La cire à dorer argent que j'ai passée sur les clous en relief ajoute de l'éclat sans nuire à l'effet d'ensemble.

Le veinage et ses outils
A l'aide d'outils spéciaux, vous réussirez de jolies imitations. On trouve des peignes en caoutchouc et en acier de différentes formes et tailles. Des timbres imitant le cœur du bois existent en caoutchouc et en plastique (plus résistant). Pour ces finitions chêne, j'ai utilisé un timbre en plastique, une queue à battre et divers peignes, dont des modèles triangulaires à dents progressives.

Glacis transparent teinté *avec une couleur à l'huile*

Pinceau ordinaire *pour la sous-couche*

Mélange *de peinture rouge coquelicot et vert profond (sous-couche)*

White spirit *pour diluer le glacis teinté*

Ombre brûlée *et cramoisi d'alizarine à l'huile pour le glacis teinté*

Queue à battre *pour le lissage*

Timbre *imitant le cœur du bois*

Cire-crème argent *à frotter à la brosse d'artiste pour les clous*

Peinture noire *spéciale pour les parties métalliques*

Vernis transparent *semi-brillant au polyuréthanne*

Peigne *en caoutchouc pour le veinage*

MÉTHODE

♦ Appliquez la sous-couche et laissez sécher.

♦ Préparez un glacis teinté d'un ton plus foncé que le fond et appliquez en fines couches, un côté après l'autre.

♦ Lissez et peignez la surface tant que le glacis est humide. Avec des peignes de différentes tailles, vous obtiendrez toute une gamme d'effets. Tamponnez un timbre à certains endroits pour imiter le cœur du bois, en appuyant d'avant en arrière. Cette technique exige un peu de pratique.

♦ Lorsque la surface est sèche, peignez les parties métalliques. Soulignez au besoin les charnières et les clous en relief avec une cire argent.

♦ Pour protéger la surface et lui donner un léger lustre, appliquez plusieurs couches de vernis transparent semi-brillant au polyuréthanne.

▲ *J'ai peint la ferronnerie en noir avec une peinture spéciale pour le métal. Puis j'ai rehaussé les clous avec une cire-crème argent d'un emploi similaire à la cire à dorer.*

◀ *Ce subtil veinage est réalisé avec un timbre qui imite le cœur du bois. L'outil exige une certaine pratique, alors entraînez-vous avant de l'utiliser.*

Avant de peindre, j'ai dû nettoyer toutes les pièces de métal et en ôter la rouille. J'ai ensuite recouvert le simili-cuir et les traverses d'une sous-couche d'un ton brun chaud (mélange rouge coquelicot et vert profond). Une fois sec, j'ai réalisé mon glacis teinté avec de l'ombre brûlée et un soupçon de cramoisi d'alizarine, en appliquant de fines couches sur la surface, utilisant le timbre à certains endroits pour imiter le cœur du bois.

Ce genre d'outil est facile à utiliser mais il exige du temps pour être manié à la perfection. Il s'applique dans un mouvement d'avant en arrière. Le reste du veinage se réalise au peigne ou à la queue à battre, selon que vous souhaitez une fibre large ou resserrée.

Les parties en métal sont peintes en noir, au pinceau fin. Pour souligner les ferronneries, j'ai peint les clous ronds à la cire-crème argent, avec une petite brosse en poils de sanglier.

ENCADREMENTS DÉCORÉS

DE SIMPLES ENCADREMENTS de miroir ou de tableaux peuvent devenir très attrayants si vous les peignez de couleurs vives ou avec des motifs originaux. Sur les pages suivantes, vous verrez divers cadres décorés.

La plupart des techniques décoratives de cet ouvrage peuvent s'appliquer aux encadrements, mais j'en ai choisi cinq peu courantes, quoique rapides et faciles et, hormis le cadre doré ci-contre, inhabituelles.

Certains encadrements conviennent davantage aux miroirs, d'autres aux tableaux. Le cadre au gesso et à la dorure convient pour les deux, alors que celui décoré au doigt rendra mieux avec un miroir et celui lissé de vert avec un paysage. Un encadrement de miroir doit l'enrichir, un cadre de tableau ne doit pas distraire l'œil.

Si le cadre est en bois neuf, on doit d'abord appliquer un apprêt spécial. La plupart des essences, notamment le pin, sécrètent une résine orangée et poisseuse qui suinte aux travers des couches de peinture si vous n'avez pas scellé la fibre.

Vous devrez alors appliquer plusieurs sous-couches, en ponçant entre chaque au papier de verre humide et sec, pour l'obtention d'une surface bien lisse.

Pour rénover un vieil encadrement, enlevez toujours l'ancien vernis ou décapez la peinture, poncez-le et appliquez un apprêt avant de passer la sous-couche et de commencer la décoration proprement dite.

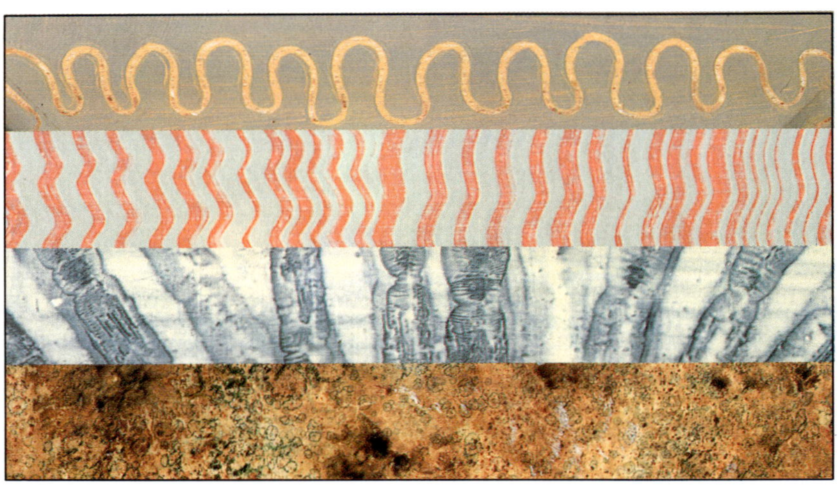

Sur chacun des cadres des pages suivantes, j'ai utilisé mes couleurs préférées. Peu importe la gamme choisie tant que la sous-couche et le glacis teinté s'harmonisent. C'est important si votre fond doit transparaître, notamment aux endroits où la surface est décorée au peigne, lissée ou grattée.

CADRE - GESSO ET DORURE

Pour décorer ce cadre, j'ai utilisé un gesso prêt à l'emploi et de la cire à dorer. Le gesso doit être fondu au bain-marie, puis appliqué au pinceau. Une fois la surface sèche, je l'ai frottée grossièrement avec mon doigt trempé dans la cire à dorer, afin que le gesso rouge ressorte par endroits.

CADRE SERPENTIN GRATTÉ

Pour ce cadre, j'ai employé de la terre de Sienne et du blanc de titane à l'acrylique. Ensuite, j'ai ajouté un bleu de cobalt au mélange, pour obtenir un gris-vert original. Puis, avec un pinceau ordinaire, j'ai lissé chaque côté. Après séchage, j'ai gratté la surface avec le bout du manche de ma brosse, en gribouillant ce serpentin qui fait ressortir la sous-couche.

CADRE ZIG-ZAG - PEIGNE

Sur ce cadre, j'ai utilisé un peigne en caoutchouc que j'adore, spécialement conçu pour le veinage. J'ai passé deux couches de coquille d'œuf rouge coquelicot, pour qu'elles ressortent aux endroits peignés. Une fois sèches, j'ai mélangé de l'oxyde de chrome à un peu de blanc de titane à l'acrylique et j'ai peint chaque côté l'un après l'autre, en passant chaque fois le peigne aussitôt après.

CADRE DÉCORÉ AU DOIGT

Ce cadre me rappelle le batik des tissus africains. J'ai commencé par une coquille d'œuf noire, suivie d'un mélange blanc et jaune. J'ai chargé ma brosse d'un fin lavis d'acrylique blanche ; j'ai trempé le coin dans la peinture jaune et j'ai peint l'encadrement, en réservant le côté jaune pour l'extérieur. Puis j'ai pressé mon doigt tout autour de la surface, en l'orientant vers l'intérieur.

CADRE - ÉCLABOUSSURES ET MOUCHETURES

J'ai appliqué une sous-couche coquille d'œuf blanc cassé, puis un vernis au polyuréthanne. Tant qu'il était encore humide, j'ai éclaboussé la surface d'un mélange d'ombre brûlée, de vert monacal et de cramoisi d'alizarine à l'huile, en effleurant certains endroits de la pointe de ma brosse J'ai également créé des mouchetures en ébouriffant les soies de la brosse chargée de peinture.

IMITATION LAQUE XVIIIe

CE PETIT MEUBLE était une affaire et j'ai facilement trouvé le style décoratif qui lui convenait. J'ai choisi une émulsion et une peinture acrylique, toutes deux séchant rapidement. Je crois qu'il s'agissait d'une table de chevet. En contre-plaqué, elle était recouverte d'un mince placage, horrible et terne. Le brocanteur à qui je l'achetais n'était que trop heureux de s'en débarrasser !

Toutefois, sa forme assez classique m'attirait et j'imaginais facilement à quoi elle ressemblerait avec un autre décor. L'inspiration m'est venue en tombant sur la photographie d'une commode italienne ornée de découpages.

J'avais déjà utilisé cette technique sans en connaître l'origine. J'ai fini par découvrir que les Italiens l'employaient au XVIIIe siècle pour des meubles très colorés. L'*arte del povero* (l'art du pauvre) fut sans doute inventé par des apprentis qui coloriaient des dessins et des gravures pour les coller à la surface des bureaux et des boîtes à bijoux, avant d'y ajouter plusieurs couches de laque. Ce procédé européen permettait d'imiter à bas prix les laques orientaux.

L'art du découpage se répandit dans toute l'Europe et devint un loisir : on collait des chromos pour décorer des écrans de cheminée, des paravents ou des boîtes. Il est toujours vivant en Amérique du Nord.

Choisir des images
Tout peut se découper : magazine ou carte de vœux, la seule condition est que le verso ne transparaisse pas au collage. Il existe aussi des livres de découpages et de chromos spécialement conçus pour cette technique. On peut aussi colorier une gravure à l'aquarelle, au pastel à la cire, ou au crayon de couleur.

Papier de verre

Emulsion *blanc cassé, à mélanger avec de la terre d'ombre et du jaune permanent à l'acrylique, pour la sous-couche ; pinceau ordinaire*

Catalogue de motifs *à découper et colorier, et coller*

Ruban-cache *pour les filets*

Cutter

Petite brosse d'artiste

Terre d'ombre *et vert émeraude à l'acrylique pour les filets*

Vernis transparent *semi-brillant au polyuréthanne*

Gouache *ocre jaune, bleu de Prusse et cramoisi d'alizarine pour les images*

MÉTHODE

♦ Appliquez une sous-couche sur le meuble et laissez sécher.

♦ Passez ensuite plusieurs tons de peinture acrylique pour obtenir de subtiles variations en surface.

♦ Après séchage, tracez les filets sur les bordures, dans une couleur complémentaire, en masquant avec deux bandes d'adhésif pour un rendu rectiligne. Si vous employez de l'acrylique, ne la délayez pas, ou très peu.

♦ Découpez les images au cutter, testez divers emplacements avec du ruban adhésif. Au besoin, coloriez-les.

♦ Après séchage, vaporisez-les de colle et fixez-les en place. Retirez tout excédent de colle qui nuirait à l'aspect final.

♦ Appliquez quatre couches de vernis transparent semi-brillant, en attendant au moins six heures entre chaque passage. Vernissez dans le sens de la veine du bois pour un effet lissé. Dans la dernière couche, ajoutez un soupçon de couleur à l'huile pour un rendu patiné. Laissez sécher.

♦ Poncez au papier de verre, jusqu'à la sous-couche à certains endroits. Frottez sur les images pour casser les bords, puis appliquez le vernis coloré. Reponcez au besoin, puis vernissez une dernière fois.

Je dus d'abord décaper le placage écaillé et frotter la surface à la laine d'acier trempée dans du white spirit. Les bords n'étant pas réguliers, j'ai décidé de vieillir l'ensemble. Je recréai ainsi un élégant meuble italien du XVIIIe siècle ayant subi les ravages du temps ! Pour obtenir une belle patine, j'appliquai un mélange d'émulsion blanc cassé, de terre d'ombre et de jaune permanent à l'acrylique, en conservant des tons proches. Puis je laissai sécher. Après la pose d'un ruban adhésif, je réalisai les bordures dans un mélange de vert émeraude et de terre d'ombre à l'acrylique, si bien que certains endroits parurent d'un ton soutenu, d'autres plus sourds. J'enlevai aussitôt le ruban pour qu'il n'adhère pas à la peinture.

J'optai pour de petits amours découpés dans un recueil de motifs. Les boutons des tiroirs étaient en plastique brun guère attrayant. Je les remplaçai donc par d'élégantes ferrures cuivrées.

▲ *J'ai ajouté un filet en haut du piètement pour en soutenir la forme incurvée.*

▶ *Une fois les amours peints à la gouache et bien secs, je les ai collés en les vaporisant de fines couches de colle en bombe.*

◀ *Pour les filets, servez-vous du ruban-cache comme d'un guide-ligne. Lorsque la peinture est sèche, arrachez-le d'un coup.*

PETIT PLACARD PEINT

CE PETIT MEUBLE SUSPENDU trouvera sa place et son utilité dans une chambre d'enfant, un atelier, une salle de bains ou une cuisine. Je me suis inspirée d'un meuble vu dans un magazine. C'était l'œuvre d'un artiste français créateur de meubles, Gérard Rigot, spécialisé dans le mobilier rustique et les couleurs primaires. J'aimais beaucoup son placard suspendu réalisé à partir d'un vieux châssis de fenêtre, avec ses panneaux aux teintes vives et ses motifs d'arbres fruitiers.

Je testai mes couleurs dans des proportions diverses, sur divers endroits du meuble, en les travaillant dans les angles et sur les moulures.

Les portes n'ayant pas une finition très jolie, je décidai d'y réaliser une peinture naïve. Ici aussi, les arbres semblaient convenir au support. La touche finale consista en quelques touches de pinceau ici ou là, pour accentuer l'aspect rustique de l'ensemble. Au bout du compte, mon petit placard se révéla tout à fait décoratif et original.

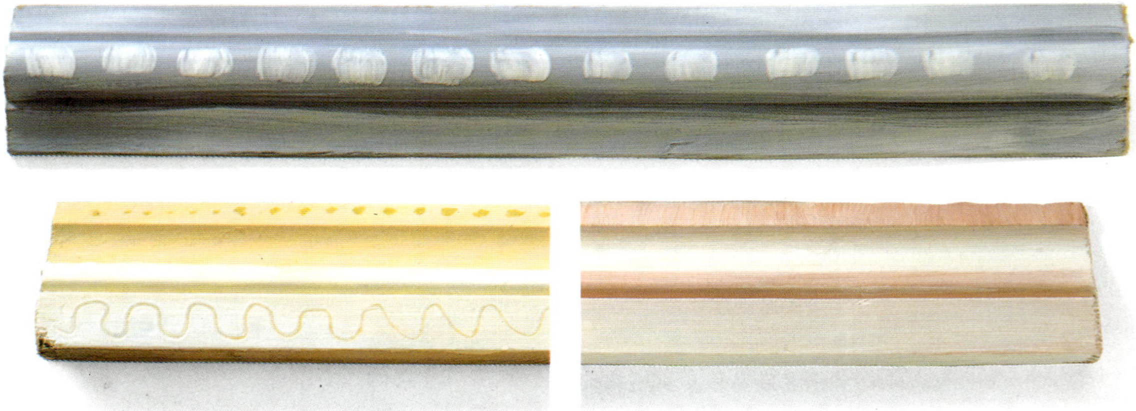

Effets de peinture à main levée
Ces trois modèles peuvent vous donner des idées pour décorer des moulures. La peinture à main levée est attrayante, car il n'est pas utile d'être un artiste pour obtenir de beaux effets. Des points et des traits suffisent parfois à égayer un meuble. Dans l'exemple en haut, j'ai tamponné un pinceau ordinaire sur la moulure grise. J'ai utilisé la pointe du manche de mon pinceau pour gratter un serpentin sur la jaune et, avec le bout d'une brosse d'artiste, j'ai ajouté des points jaune soleil le long de la bordure. Sur la rose, j'ai rehaussé certains endroits avec un ton plus soutenu, en le passant le long du bord interne de façon irrégulière.

MÉTHODE

♦ Appliquez une sous-couche et laissez sécher.

♦ Appliquez un ton plus foncé à certains endroits afin d'attirer l'œil, comme les angles ou les moulures. Pour ce travail de détail, mieux vaut utiliser un pinceau fin.

♦ Rehaussez ces détails d'un ton plus clair, en laissant transparaître certaines zones sombres. Ne chargez pas la brosse, et frottez plutôt que de lisser.

♦ Pour d'autres détails décoratifs, prenez une petite brosse douce en nylon et travaillez par petites touches de couleurs complémentaires de la sous-couche. Réalisez les points avec la pointe et les traits en tirant sur le pinceau.

♦ Lorsque la peinture est sèche, protégez la surface avec une couche de vernis transparent semi-brillant au polyuréthanne.

Pour les bordures moulurées et les angles, j'ai appliqué un mélange de terre de Sienne brûlée acrylique et d'émulsion jaune pâle, avec une brosse en soies de porc. Pour adoucir les lignes et donner un aspect décoratif, j'ai passé la couleur en frottant le pinceau sur le côté. La terre de Sienne brûlée et l'oxyde de chrome acryliques et l'émulsion jaune pâle ont été appliqués sur les arcs de cercle des angles. J'ai lissé les encadrements des portes avec une brosse chargée de terre d'ombre et de jaune pâle en quantités variables. Après séchage, j'ai ajouté des points et des traits sur les bordures, ainsi qu'un anneau de feuilles et de baies autour des trous de suspension. Enfin, j'ai fixé la peinture avec un vernis transparent semi-brillant.

COMMODE PEINTE

J'AI ACHETÉ CETTE COMMODE en chêne parce que sa forme robuste et ses poignées en cuivre me plaisaient. Ce n'était pas un meuble de style, que j'aurais plutôt lissé et décoré de filets, mais un meuble de facture moderne qui avait besoin d'une certaine patine.

J'optai pour une approche peu ordinaire en commençant par le blanchir, puis en le décorant à main levée avec de la gomme à masquer. Cette technique convient à tous les décors.

Le mouvement « Arts & Crafts » aimait l'association chêne-cuivre, mais devant l'absence de décoration et la forme générale de cette commode, j'ai pensé que c'était un meuble de série.

Son toucher rugueux m'évoquait des modèles inédits de la collection Bloomsbury à motif pictural unique. J'ai donc songé à employer un décor simple, facilement identifiable. Ce n'était pas si facile, compte tenu du format étroit du plateau. Après avoir feuilleté mes livres de motifs, mon choix s'est porté sur un lion, puis j'ai ajouté une série de carreaux sur les bâtis pour compléter le dessin, sans pour autant trancher avec le décor animalier du plateau.

La gomme à masquer
Les contours du lion ont été réalisés avec de la gomme à masquer : on applique la gomme au pinceau sur les zones à protéger, on peint les zones libres sans souci des débordements. Après séchage, on décolle la gomme en frottant avec le doigt pour laisser réapparaître les zones protégées.

White spirit *pour le glacis coloré*

Décolorant *pour éclaircir le bois avant de le peindre*

Vernis semi-brillant *au polyuréthanne dilué au white spirit et coloré avec du vert émeraude, puis avec du bleu outremer à l'huile*

Pinceau ordinaire *pour le décolorant*

Couleurs à l'huile : *vert émeraude et outremer pour les glacis teintés*

Gomme à masquer *et une brosse en sanglier*

Couleurs acryliques : *bleu de céruléum et terre d'ombre pour les rectangles*

Pinceau en nylon *pour peindre les rectangles*

Motifs à découper *dont je me suis inspirée*

Cire d'abeille *et chiffon doux pour polir la surface*

MÉTHODE

♦ Dessinez légèrement le motif au crayon, puis appliquez la gomme à masquer sur les surfaces que vous souhaitez laisser en bois naturel. En cas d'erreur, laissez sécher et décollez au doigt.

♦ Couvrez le dessin d'un vernis au polyuréthanne dilué au white spirit et teinté des couleurs que vous avez choisies.

♦ Lorsque ces zones sont sèches, décollez la gomme à masquer. Si la surface paraît trop sombre, frottez à la laine d'acier fine ou appliquez une couche diluée de teinte claire et essuyez rapidement.

♦ Imprimez des rectangles ou des carrés à l'aide d'une vieille gomme avec de l'acrylique. Complétez l'intérieur des motifs au pinceau ordinaire chargé d'une plus grosse quantité de peinture.

♦ Pour vieillir le meuble, appliquez sur la surface sèche une couche de peinture claire diluée, et essuyez rapidement.

♦ Au contraire, pour préserver l'aspect neuf du décor, frottez la surface au chiffon doux imbibé de cire d'abeille.

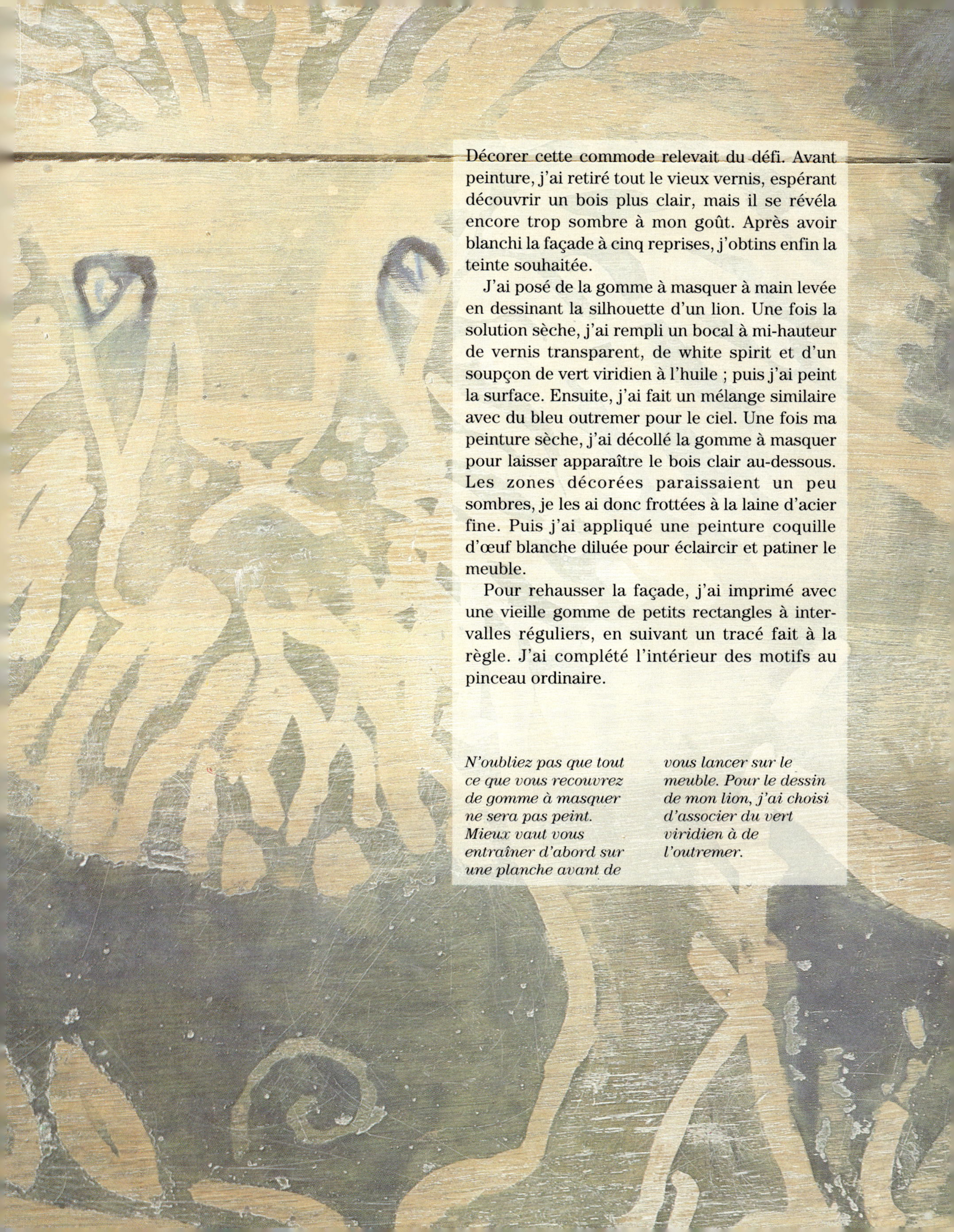

Décorer cette commode relevait du défi. Avant peinture, j'ai retiré tout le vieux vernis, espérant découvrir un bois plus clair, mais il se révéla encore trop sombre à mon goût. Après avoir blanchi la façade à cinq reprises, j'obtins enfin la teinte souhaitée.

J'ai posé de la gomme à masquer à main levée en dessinant la silhouette d'un lion. Une fois la solution sèche, j'ai rempli un bocal à mi-hauteur de vernis transparent, de white spirit et d'un soupçon de vert viridien à l'huile ; puis j'ai peint la surface. Ensuite, j'ai fait un mélange similaire avec du bleu outremer pour le ciel. Une fois ma peinture sèche, j'ai décollé la gomme à masquer pour laisser apparaître le bois clair au-dessous. Les zones décorées paraissaient un peu sombres, je les ai donc frottées à la laine d'acier fine. Puis j'ai appliqué une peinture coquille d'œuf blanche diluée pour éclaircir et patiner le meuble.

Pour rehausser la façade, j'ai imprimé avec une vieille gomme de petits rectangles à intervalles réguliers, en suivant un tracé fait à la règle. J'ai complété l'intérieur des motifs au pinceau ordinaire.

N'oubliez pas que tout ce que vous recouvrez de gomme à masquer ne sera pas peint. Mieux vaut vous entraîner d'abord sur une planche avant de vous lancer sur le meuble. Pour le dessin de mon lion, j'ai choisi d'associer du vert viridien à de l'outremer.

TABLE FAUX MARBRE

APRÈS AVOIR CHERCHÉ plusieurs mois une table pour mon vestibule, j'ai fini par dénicher celle-ci dans une brocante. Malgré les jolies moulures du piétement et le galbe du tiroir assez intéressant, le plateau n'était pas utilisable, car en partie brisé. A en croire les profondes entailles à la scie, ce meuble avait dû servir de plan de travail à un charpentier ! Il me fallait donc remplacer le plateau, avant d'attaquer la décoration. Comme je souhaitais un effet marbre, j'ai choisi un panneau d'aggloméré de densité moyenne plutôt que du pin.

J'optai pour des couleurs en harmonie parfaite avec la gamme de teintes que j'avais à la maison : terre d'ombre et blanc cassé, avec un soupçon de terre de Sienne brûlée et de rouge clair pour réchauffer un peu la tonalité. Ce sont les couleurs des murs peints de mon couloir.

Pour le faux marbre, mieux vaut s'en tenir à des gris froids, des bleus brumeux, des terres verte ou jaune : l'effet sera plus réaliste qu'avec des tons éclatants, émeraude ou soleil. Bien que des couleurs étonnantes apparaissent sur les vrais marbres, les novices auront la sagesse de travailler leur palette avec délicatesse.

J'ai bien observé le marbre pour m'imprégner de ses caractéristiques, avant de me lancer dans la technique. Prenez le temps de le faire afin de pouvoir reproduire les motifs et les formes ; le rendu n'en sera que plus convaincant.

Créer l'effet marbre
Avec un glacis coloré, le rendu peut être incroyablement réaliste. Pour l'effet jaune éclatant, j'ai utilisé un glacis teinté de terre de Sienne, de blanc de titane et d'un soupçon de terre d'ombre. J'ai forcé sur le blanc pour le marbre jaune pâle. Quant au gris fumée, je l'ai réalisé avec de la terre d'ombre, du bleu de Prusse et du blanc de titane. Pour les zones claires, j'ai passé un chiffon sur le blanc.

MÉTHODE

♦ Appliquez une sous-couche et laissez sécher. Plusieurs seront sans doute nécessaires pour l'obtention d'une surface bien lisse. Poncez la dernière au papier de verre humide puis sec.

♦ Préparez un glacis teinté en forçant légèrement la dose de white spirit. Ajoutez de la couleur selon vos besoins.

♦ Commencez à marbrer le plateau avec le glacis coloré, en travaillant en diagonale avec une brosse ronde en soies de porc. Essuyez les zones claires au pinceau sec, ou tamponnez un peu de blanc à l'huile.

♦ Avec un chiffon doux, tamponnez la surface pour enlever les traces de pinceau, puis à l'aide d'une brosse à estomper, fondez les couleurs. Cette technique exige une certaine pratique, mais elle permet d'uniformiser l'aspect marbré en douceur.

♦ Au besoin, ajoutez une patine et veinez en diagonale, comme sur un vrai marbre. Enfin, lissez ou pochez au chiffon le piétement pour l'harmoniser avec le plateau.

♦ Laissez sécher, de préférence toute une nuit. Passez deux couches de vernis transparent semi-brillant, qui ne jaunit pas. Votre surface sera ainsi protégée et aura l'aspect lustré du vrai marbre.

Tout d'abord, j'ai peint la table avec une coquille d'œuf blanc cassé, ce qui a accentué les fissures et les vermoulures. Après séchage, j'ai traité le bois au xylophène, sans boucher les fentes car elles donnaient au meuble un certain cachet. J'ai passé ensuite deux autres couches sur le plateau, en frottant la dernière au papier de verre. J'ai réalisé mon glacis teinté, en mélangeant de la peinture coquille d'œuf blanc cassé, et des couleurs à l'huile : terre d'ombre, terre de Sienne brûlée et rouge clair.

J'ai lissé le piétement dans les mêmes teintes, en ajoutant des verts et des bleu-gris, mais c'était peu probant. J'ai compris qu'il fallait davantage travailler les détails. J'ai donc réalisé des filets à la terre d'ombre sur les pieds et le tiroir. Enfin, pour obtenir un marbre plus réaliste, j'ai passé trois couches de vernis sur le plateau, et deux sur le piétement et le tiroir.

CHAISES RUSTIQUES

J'AI COMMENCÉ à me familiariser avec le mobilier peint en découvrant le style « hollandais de Pennsylvanie ». Il se développa à la fin du XVIIIe siècle sous l'impulsion des colons allemands qui décoraient toutes sortes de meubles et d'objets domestiques. Les fleurs et les oiseaux en constituaient les motifs favoris et la plupart des images avaient valeur de symboles. Ils dataient souvent leur travail, en y inscrivant leurs initiales et en ajoutant parfois des versets bibliques.

Moyra Bannister, d'origine suédoise, s'inscrit dans cette tradition populaire. Elle a ainsi décoré de nombreux meubles pour ses enfants, en y intégrant leurs prénoms et des souhaits d'anniversaire, les dates de leur baptême ou de leur mariage. C'est dans cet esprit que j'ai peint cette chaise verte pour ma mère.

Pour la chaise noire, je me suis inspirée d'objets en papier mâché. Cet artisanat né en Extrême-Orient s'est répandu en France au XVIIIe siècle, puis au reste de l'Europe au siècle suivant. Vers 1850, ces objets étaient fabriqués en série, décorés en général de paysages et de motifs floraux.

Les plus précieux étaient incrustés de nacre et bordés de filets dorés. Fleurs, oiseaux et papillons étaient souvent peints à la main sur des fonds noirs. Ma chaise d'inspiration « papier mâché », peinte en tons nacrés aurait sans aucun doute impressionné mes ancêtres !

Quelques motifs
Pour ceux qui doutent de leur habilité pour la peinture à main levée, voici d'autres idées : serpentin tracé très librement, peignage, impressions et fausse patine.

D. S.
19 88

Sous-couche noire

Sous-couche verte

Pinceau ordinaire

Vernis *pour fixer et protéger les chaises peintes*

Couleurs acryliques : *cramoisi, jaune permanent, bleu de céruléum, émeraude, blanc de titane et jaune ocre*

Couleurs à l'huile : *blanc de titane, cramoisi d'alizarine, terre d'ombre, oxyde de chrome, jaune ocre, bleu de Prusse et rouge indien*

Trois fines brosses *d'artiste pour les motifs*

Cire à dorer et vernis *à ongles nacré*

MÉTHODE

POUR LES DEUX CHAISES

♦ Appliquez la sous-couche et laissez sécher (une coquille d'œuf semi-brillante est idéale).

♦ Travaillez vos motifs sur un papier avant de passer à la peinture.

♦ Dessinez légèrement les motifs sur la chaise ou utilisez un pochoir.

♦ Peignez à main levée sur le dessin (l'acrylique sèche plus vite que la peinture à l'huile), ou décorez au pochoir.

♦ Pour obtenir un effet nacré, appliquez deux ou trois couches de vernis à ongles nacré. Lorsque c'est sec, passez au chiffon un peu de couleur à l'huile mauve-rosé non diluée, à certains endroits.

♦ Sur la chaise noire seulement, ajoutez un soupçon de cire à dorer sur les moulures, lorsque la peinture est parfaitement sèche.

♦ Finissez en passant une ou deux couches de vernis pour fixer et protéger la surface décorée.

CHAISE FOLK

Ma mère adore les couleurs vives. J'ai donc décidé de décorer spécialement pour elle cette chaise avec des motifs d'art populaire. J'ai peint à main levée les deux oiseaux, inscrit les initiales de ma mère sur le haut du dossier, et daté mon travail. Si vous ne vous sentez pas assez habile, utilisez des pochoirs traditionnels, l'effet sera sensiblement identique.

CHAISE « PAPIER MÂCHÉ »

L'effet de nacre a été obtenu avec un vernis à ongles nacré rehaussé d'un soupçon de peinture à l'huile. J'ai d'abord dessiné sur papier le motif floral avant d'en retracer les contours sur la chaise. J'ai nacré seulement quelques pétales. Une fois le vernis sec, j'ai ajouté une touche de mauve en frottant certains endroits au chiffon.

COMMODE DÉCORÉE AU PEIGNE

CETTE COMMODE PERMET de ranger énormément de choses, et lorsque je l'ai découverte à la brocante de mon quartier, je me suis immédiatement demandé si elle conviendrait à la chambre de mes enfants, peinte en bleu pâle. De telles commodes sont assez solides pour durer toute une vie ; avec un décor différent à chaque étape de l'existence, de l'enfance à l'âge adulte, vous êtes certain de ne jamais vous en débarrasser ! Elle était assez abîmée - un des tiroirs était complètement fendu - mais elle était réparable.

Après avoir hésité entre le pochage, la projection, le lissage, j'ai finalement opté pour le peignage. C'est une décoration résistante qui convient aux jeunes enfants. D'ailleurs à l'origine, la commode avait été décorée au peigne pour obtenir un effet de veinage.

La méthode remonterait à l'Ancienne Egypte, où l'on utilisait des peignes en cuir et en bois pour simuler le veinage de telle ou telle essence. Cette technique était répandue dans l'art populaire européen pendant des siècles, et chez les premiers colons scandinaves et allemands en Amérique.

Pour l'heure, ma commode trône sur le palier, car elle m'est d'un grand secours pour ranger serviettes et linge de maison. Quand mes garçons en auront besoin dans leur chambre, il se peut que je la décore de façon totalement différente !

Créer des motifs au peigne
Une foule d'effets saisissants peuvent s'obtenir avec différents peignes (voir la technique en détail, page 108). Ici, j'ai utilisé deux peignes gradués et un triangulaire en plastique dont les dents sont espacées différemment selon les côtés.

MÉTHODE

♦ Appliquez la sous-couche (coquille d'œuf de préférence) et laissez sécher. Deux à trois applications seront peut-être nécessaires. Poncez entre chacune pour une surface bien lisse.

♦ Préparez votre glacis coloré dans une tonalité en harmonie avec la base.

♦ Appliquez le glacis et peignez le motif de votre choix. Nettoyez souvent le peigne au chiffon pour éviter de faire des pâtés.

♦ En cas d'erreur, essuyez au chiffon et appliquez un nouveau glacis avant de repasser le peigne.

♦ Laissez sécher et vernissez, une ou plusieurs couches.

J'ai commencé par décaper la commode et par boucher toutes les fissures à la pâte à bois. J'ai dû changer tous les boutons, car plusieurs manquaient et que je ne retrouvais pas le modèle.

Puis j'ai passé trois couches de coquille d'œuf blanc cassé, en ponçant entre chaque application, puis j'ai lissé le tout en jaune. L'effet d'ensemble s'avérait trop pâle. J'essayai donc de lisser en vert, mais le résultat ne fut pas celui que j'escomptais. Heureusement, les glacis sont d'une très grande souplesse. On peut réparer ses erreurs en essuyant la surface encore humide, ou laisser sécher et appliquer une nouvelle couleur par-dessus. En définitive, le vert et le jaune s'harmonisaient et je pensais qu'ensemble ils donneraient du relief au décor peigné que je prévoyais.

En effet, j'ai choisi le peignage parce que c'est une finition résistante qui rend bien par-dessus des couches de couleurs contrastées. J'ai opté pour un mélange de vert et de bleu en harmonie avec les murs de la chambre de mes garçons, avec une touche d'ombre brûlée pour approfondir la tonalité.

▼ *Enlevez toujours poignées et boutons, et ne les replacez qu'une fois la peinture sèche. Vous pouvez les peindre dans une teinte en harmonie avec le meuble, et les agrémenter d'un motif.*

▶ *Le bâti de la commode autour des tiroirs est légèrement lissé pour contraster avec les surfaces décorées au peigne. Sur le plateau, j'ai peigné des motifs ondulés et irréguliers, pour donner de la vie à la surface.*

BOIS DE LIT - EFFET NUAGES

LE BOIS DE CE LIT OPULENT était teinté dans des tons rouge-orangé, couleur bien trop éclatante pour un meuble aussi imposant. Les colonnes torsadées façon « sucre d'orge » et les blasons sculptés ont éveillé mon imagination. J'ai donc décidé de peindre le lit en adoucissant son décor pour qu'il soit une véritable invitation au sommeil. Le résultat est très romantique. On se croirait dans un conte de fées !

Une tête de lit offre de multiples possibilités de décors, et de nombreuses techniques conviennent comme le faux marbre, le faux bois, les pochoirs ou encore la peinture à main levée. Toutefois, comme celui-ci me paraissait suffisamment mouluré et sculpté, j'ai choisi une décoration toute simple au chiffon doux.

Au cours du XIXe siècle, le mobilier peint se limitait aux pièces où l'on pouvait l'exposer aux amis. Tables, chaises et buffets anciens se trouvent donc plus facilement que les lits. Dans certaines régions rurales de Bavière, le mobilier de chambre décoré jouait cependant un rôle important dans la dot de la fiancée. Souvent, les bois de lit étaient peints aux pochoirs, directement sur le bois brut, les motifs étant rehaussés d'un liséré noir.

A la fin du XVIIIe siècle, les immigrants allemands de Pennsylvanie décoraient la plupart de leur mobilier, ornant les bois de lits d'oiseaux ou de motifs floraux. En comparaison, nos chambres paraissent bien pauvres.

Tamponnage au chiffon doux
C'est une technique toute simple consistant à tamponner un chiffon à tissage lâche sur un glacis coloré, afin d'obtenir un effet très doux et irrégulier. Le tissu imprime son tissage sur la surface peinte, en absorbant plus ou moins de peinture selon les endroits. Dans ces exemples, j'ai utilisé une sous-couche blanc cassé et, de gauche à droite : de l'ombre brûlée et de l'outremer, du rouge indien et du blanc de titane, du bleu de céruléum, du blanc de titane et de l'ombre brûlée.

Peinture blanc cassé *(coquille d'œuf) pour la sous-couche*

White spirit *pour diluer le glacis et la peinture à l'huile*

Pinceau ordinaire *pour la sous-couche*

Glacis *transparent à teinter*

Chiffon doux *pour éponger la couleur*

Rouge de Venise *à l'huile pour teinter le glacis*

Vernis transparent *semi-brillant au polyuréthanne pour fixer la peinture et protéger la surface*

Toile de coton *à tissage serré pour les zones moulurées*

MÉTHODE

♦ Appliquez la sous-couche et laissez sécher. Plusieurs applications seront sans doute nécessaires pour l'obtention d'une surface bien lisse. Poncez au papier de verre entre chaque couche.

♦ Préparez le glacis coloré en forçant la dose de peinture à l'huile parce que le chiffon doux l'absorbera.

♦ Appliquez le glacis et, encore humide, tamponnez-le au chiffon doux. Dès qu'il est recouvert de peinture, repliez-le et recommencez avec une zone propre. Si le meuble est grand, vous aurez sans doute besoin de plusieurs chiffons, le premier devenant vite inutilisable.

♦ Lorsque vous avez fini, essuyez les moulures avec la toile fine, plus ou moins pour jouer entre netteté et contraste. Vous pouvez aussi les rehausser d'un autre ton.

♦ Une fois la surface sèche, vous pouvez la vernir, si vous le souhaitez.

J'ai commencé par peindre les colonnes et la tête du lit, en tamponnant la surface humide avec un chiffon doux à tissage lâche. Pour des grands meubles, vous aurez besoin de pas mal de tissu car il devient vite poisseux et inutilisable.

Par contraste, j'ai passé une toile fine sur les moulures afin de mettre les « armoiries » en valeur. Une autre solution consisterait à peindre les sculptures dans une tonalité en harmonie ou de les rehausser avec un peu de cire-crème dorée.

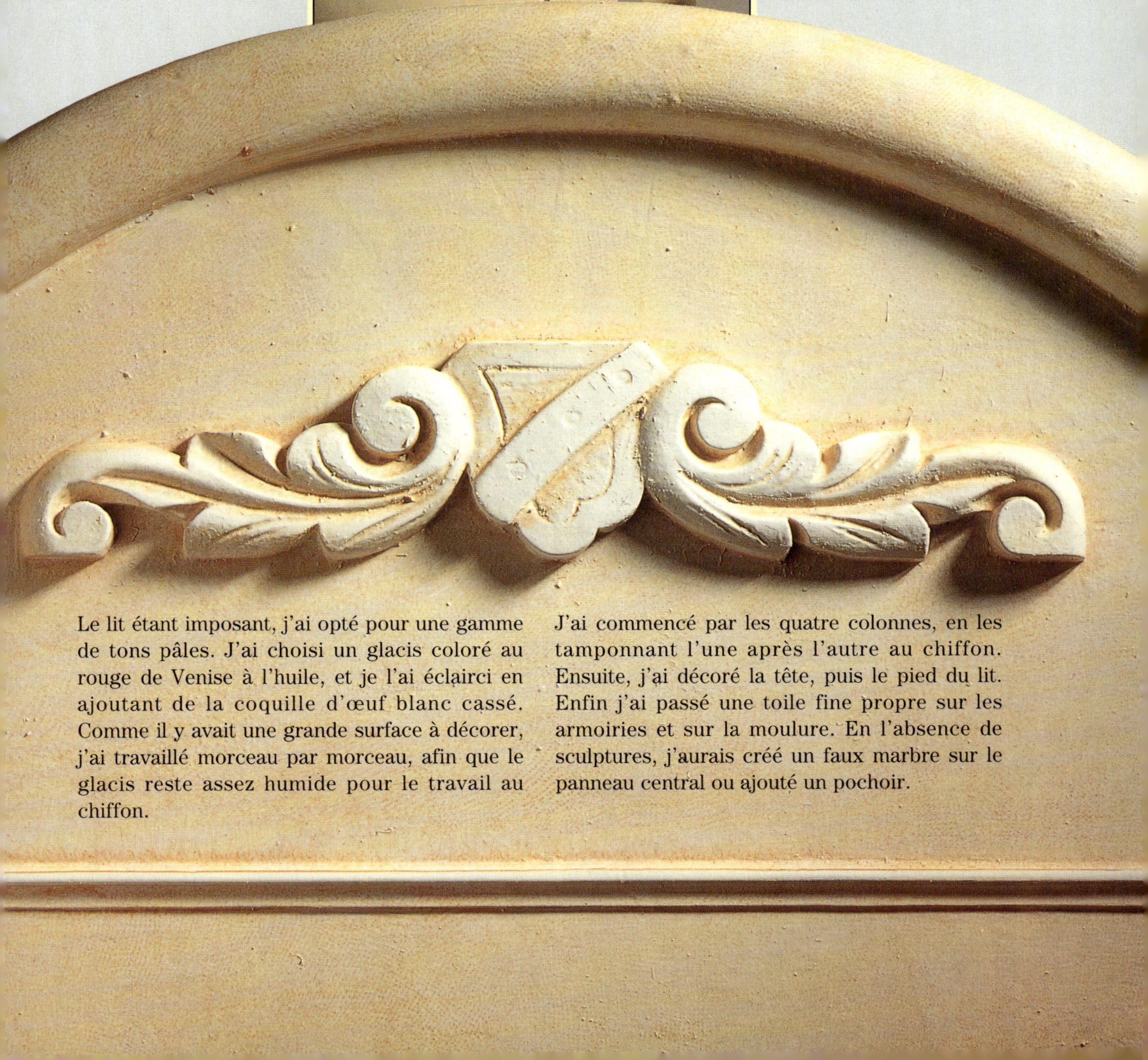

Le lit étant imposant, j'ai opté pour une gamme de tons pâles. J'ai choisi un glacis coloré au rouge de Venise à l'huile, et je l'ai éclairci en ajoutant de la coquille d'œuf blanc cassé. Comme il y avait une grande surface à décorer, j'ai travaillé morceau par morceau, afin que le glacis reste assez humide pour le travail au chiffon.

J'ai commencé par les quatre colonnes, en les tamponnant l'une après l'autre au chiffon. Ensuite, j'ai décoré la tête, puis le pied du lit. Enfin j'ai passé une toile fine propre sur les armoiries et sur la moulure. En l'absence de sculptures, j'aurais créé un faux marbre sur le panneau central ou ajouté un pochoir.

ARMOIRE DE TOILETTE DÉCOR À L'ÉPONGE

CETTE PETITE ARMOIRE était à l'origine un placard à pharmacie assez miteux, teinté "acajou sombre", et d'un aspect lourd et terne. Il fallait à tout prix lui donner de l'éclat, mais je souhaitais un fini doux et délicat, en harmonie avec ma salle de bain. Les portes me semblaient idéales pour un travail à l'éponge et cette technique me parut tout à fait indiquée dans cette pièce destinée à la toilette !

C'est une décoration rapide et l'effet légèrement tacheté est garanti sur la plupart des surfaces. Vous pouvez travailler avec différentes couleurs, mais restez toujours dans la même tonalité pour éviter qu'elles ne jurent.

En accord avec les tons de ma salle de bain, j'ai choisi du rouge clair et du jaune ocre à l'huile, mélangés à un soupçon de coquille d'oeuf blanc cassé. J'ai épongé l'armoire à deux reprises car, au départ, le rendu était trop couleur pêche. En ajoutant un peu de cramoisi d'alizarine et de coquille d'œuf blanc cassé au glacis teinté d'origine, j'ai réussi à obtenir la teinte recherchée. Pour compléter l'ensemble, j'ai peint le bâti en rose violacé.

Divers effets à l'éponge
La variété des rendus est vaste comme le montrent ces quatre illustrations. Le résultat final ne dépend pas seulement des couleurs choisies, mais de la pression appliquée sur la surface et de la durée du travail. L'effet peut être doux et flou, ou tacheté et irrégulier. Dans ces exemples (de gauche à droite et de haut en bas), j'ai employé : du vert monacal, du blanc de titane et de l'ombre brûlée sur un fond rose ; du vert monacal sur du bleu Wedgwood ; du jaune ocre sur fond gris ; du cramoisi d'alizarine et du blanc de titane sur un fond gris.

***Mélange** pour la sous-couche*

***White spirit** pour le glacis teinté*

***Glacis transparent** à diluer et teinter*

***Pinceau ordinaire** pour la sous-couche et le lissage*

***Oxyde de chrome** à l'huile*

***Jaune ocre et rouge clair** à l'huile, à mélanger à du blanc cassé pour le travail à l'éponge*

***Coquille d'œuf** blanc cassé*

***Petite brosse plate**, cramoisi d'alizarine à l'huile, à mélanger avec un peu d'oxyde de chrome pour les bordures*

***Eponge naturelle** pour créer un doux effet moucheté*

MÉTHODE

♦ Appliquez la sous-couche et laissez sécher.

♦ Préparez un glacis coloré, dans une tonalité en harmonie avec la base. Cela donnera de la profondeur et créera un doux effet vaporeux.

♦ Trempez légèrement une éponge naturelle dans la couleur et tamponnez à peine la surface. Variez un peu la pression mais tâchez de garder un motif uniforme. Utilisez plusieurs tons au besoin, en laissant sécher entre chaque ou bien pochez plusieurs teintes ensemble, quand elles sont encore mouillées, pour qu'elles se fondent.

♦ Si vous souhaitez souligner l'effet d'ensemble, lissez au pinceau les parties moulurées ou saillantes. Le lissage offre un excellent contraste avec le pochage à l'éponge.

♦ Une fois le meuble bien sec, passez une couche de vernis transparent semi-brillant au polyuréthanne pour fixer et protéger la surface.

Il y avait plusieurs couches de vernis acajou sombre sur cette armoire en pin. Avec du décapant et un grattoir, j'ai tout enlevé, en nettoyant les zones délicates à la laine d'acier imbibée de white spirit.

Pour la sous-couche, j'ai utilisé une peinture coquille d'œuf brun pâle mais, lorsque j'ai commencé à peindre, la couleur me parut trop rose. J'ai donc neutralisé l'effet en ajoutant un peu d'oxyde de chrome afin d'obtenir exactement le marron clair que je recherchais. J'ai ensuite réalisé un glacis rosé dans des tons chauds, avec du rouge clair, du jaune ocre à l'huile et un peu de blanc cassé. J'ai grossièrement mélangé pour que l'éponge absorbe tantôt plus de rouge, tantôt plus de jaune et de blanc. J'ai tamponné ainsi les panneaux, puis j'ai lissé les côtés au pinceau en ajoutant un peu de cramoisi d'alizarine au glacis.

Enfin, pour contraster avec les zones à l'éponge, j'ai peint les bordures au pinceau ordinaire dans un mélange de cramoisi d'alizarine et d'oxyde de chrome à l'huile. Cette peinture mit longtemps à sécher, car je n'avais pas ajouté du glacis transparent au mélange. J'ai donc attendu quelques jours avant de vernir l'ensemble.

TABLE CÉRUSÉE ET POCHOIR

CE QUI M'ATTIRAIT dans cette petite table en pin, c'était son veinage grossier et légèrement dégradé par les intempéries. Ce devait être une table à jeu, mais on avait retiré son tapis vert. Le bois découvert était resté brut et le reste, qui avait été verni, s'était en partie décollé, si bien que certaines zones apparaissaient sombres et d'autres claires. J'aimais bien cet aspect et je laissai donc les parties vernies telles quelles, en passant simplement une fine couche bleu-gris sur le plateau, laissant transparaître les différents tons. Je souhaitais obtenir un effet blanchi ou « cérusé » qui copie la technique traditionnelle du badigeon à la chaux, méthode utilisée autrefois à la campagne. On blanchissait ainsi les meubles et les murs pour désinfecter les pièces. La chaux est poudreuse et ne tient pas longtemps. On peut obtenir un résultat identique mais durable avec une préparation à la cire ou une peinture. Il suffit de passer une couche au pinceau et de l'essuyer pour que les irrégularités du bois retiennent la couleur, tandis qu'une impression pâle reste sur les endroits les plus lisses.

Ma palette fut largement influencée par l'art populaire et le mobilier scandinave que je trouve si attrayant. La couronne au pochoir est un motif traditionnel, présent dans de nombreuse cultures. Je l'ai dédoublée pour donner plus de relief au décor. La feuille est une des formes les plus faciles à réaliser au pochoir, car votre main tourne naturellement lorsque vous découpez. Sur les pieds et les bordures, j'ai peint des arabesques plus rustiques pour équilibrer le motif. Une fois finie, la table évoque tout à la fois la chaleur des étés scandinaves et la gaieté de Noël.

Céruser avec plusieurs couleurs
Le cérusé offre un fond idéal pour une décoration au pochoir, car les deux techniques se complètent bien. Avant de blanchir ma table, j'ai testé différents tons de bleu, vert et pêche. Je me suis décidée sur un bleu pâle, pour que le pochoir devienne l'élément principal. Avant de céruser, vous devez bien frotter le bois dans le sens de la veine. La peinture doit être très liquide et rapidement essuyée avant qu'elle n'ait eu le temps de sécher.

MÉTHODE

♦ Le cérusé se pratique sur un bois brut. Passez une fine couche de couleur (à l'huile ou à l'eau) et essuyez au chiffon, jusqu'à l'obtention du ton désiré. Le but consiste à faire ressortir le veinage, tandis que la peinture reste dans les creux et sur les nœuds du bois. Vous pouvez aussi éclaircir le bois.

♦ Dessinez un pochoir, découpez-le et placez-le sur le meuble. Maintenez-le en place avec du ruban à masquer ou une colle provisoire.

♦ Peignez le pochoir avec des couleurs du même ton. Vous pouvez ajouter des détails sur les bordures, à l'aide d'un autre pochoir ou d'une partie du premier.

♦ Après séchage, vous pouvez frotter l'impression au pochoir à la laine d'acier, pour donner une certaine patine.

Tout d'abord, j'ai nettoyé la table avec un produit pour meubles cirés, mais l'eau savonneuse convient aussi à condition de laisser sécher avant de céruser. Avec une brosse métallique dure, j'ai ensuite frotté énergiquement dans le sens de la fibre. Puis j'ai blanchi la table avec de la peinture coquille d'œuf bleue diluée au white spirit, et j'ai essuyé avant séchage.

Pour le pochoir, j'ai utilisé de l'oxyde de chrome, du bleu de Prusse et du rouge indien à l'huile. J'ai employé la même couleur pour les pieds, mais comme il restait du vernis, la teinte du piétement diffère un peu de celle du plateau. Après séchage, j'ai frotté les impressions au pochoir à la laine d'acier pour en adoucir l'éclat.

J'ai dessiné mes pochoirs mais, si vous manquez d'assurance, vous pouvez utiliser des pochoirs prédécoupés. Pour les angles, j'ai retourné le pochoir pour obtenir un effet d'image inversée.

Si vous créez un pochoir, sachez que les vides sont aussi importants que les pleins. C'est le jeu entre les parties peintes et le fond qui donne corps au dessin.

CHAISE NOIRE ET OR

LA DÉCORATION DE CETTE CHAISE est vraiment très simple. Sa propriétaire aimait sa forme mais la trouvait un peu trop sobre. Nous avons décidé de lui donner de l'éclat avec de la cire à dorer. La dorure traditionnelle à la feuille est difficile à réaliser, mais la cire à dorer s'applique facilement et offre une belle finition.

La chaise avait déjà été passée au noir d'ébène, je n'ai donc pas eu besoin de la peindre. Je n'avais plus qu'à remplir les volutes sculptées, les points et les décors de feuilles.

J'ai choisi un vieil or avec une touche de cuivre, ce qui offre un excellent contraste avec le fond sombre (le bois noir était très en vogue à la fin du XIXe siècle).

J'ai utilisé une brosse fine pour les endroits délicats, mais pour le reste, j'ai simplement trempé mon doigt dans la cire à dorer et l'ai frotté sur le meuble, en retirant l'excédent au chiffon.

Si vous possédez une chaise dotée de sculptures intéressantes, un peu de dorure peut lui donner un certain cachet, notamment sur un fond noir. On trouve tellement de cires dorées sur le marché, qu'il vaut mieux bien réfléchir à la finition souhaitée, avant de vous lancer dans la décoration.

Le vieil or que j'ai choisi s'harmonise à merveille avec la tapisserie. Un jaune citron cuivré aurait juré car il est trop contemporain. Le rendu final ne manque ni d'éclat ni d'élégance et nous sommes loin de la petite chaise noire tristounette du début.

Or cuivré — *Vieil or* — *Or rouge* — *Or orangé*

Pour appliquer de la cire à dorer

La cire à dorer, disponible en plusieurs tons, s'applique facilement au doigt, au pinceau ou au chiffon.

J'ai rehaussé les détails sculptés en frottant de la cire-crème à dorer qui est très facile d'utilisation. Il existe une variété de tons, allant de l'argenté au doré. J'ai opté pour un or cuivré, que j'ai passé en frottant avec mon auriculaire. Pour m'assurer que la dorure remplisse les endroits délicats, j'ai aussi employé un pinceau fin (une brosse à dents ferait également l'affaire).

J'utilise aussi parfois des crayons dorés, très pratiques pour les détails. Pour réparer les petites éraflures sur le mobilier, on peut appliquer au doigt une petite touche de pâte à bois dorée.

MÉTHODE

♦ Appliquez la sous-couche et laissez sécher. La peinture coquille d'œuf est particulièrement indiquée car elle est très résistante et offre un fini pas trop brillant, qui contraste bien avec la dorure.

♦ Passez plusieurs couches, en ponçant entre chaque au papier de verre humide puis sec, pour un rendu bien lisse.

♦ Choisissez une teinte en harmonie avec le meuble : or jaune citron très contemporain, vieil or rouge, argent, étain, cuivre...

♦ Appliquez légèrement la dorure en frottant le doigt sur les sculptures et les moulures. Pour les coins délicats, utilisez une brosse très fine.

♦ Laissez un peu sécher, puis passer un chiffon pour enlever l'excédent. Laissez sécher la surface dorée au frottis.

♦ Pour une finition impeccable, frottez la surface au chiffon doux jusqu'à ce qu'elle brille.

TECHNIQUES

GLOSSAIRE

J'utilise tout au long de ce livre un certain nombre d'expressions concernant les techniques, les outils et les matériaux. Les voici récapitulés dans l'ordre alphabétique avec quelques précisions.

Acrylique
Peinture à l'eau, séchant très vite, imperméable.

Arabesques
Décoration en spirales et volutes.

Blaireau
Brosse douce pour fondre les couleurs à l'huile, s'utilise pour les décors « faux marbre » (pp. 114-117) ou « faux bois ». Existe en différentes tailles.

Brosse à filets
Pinceau plus ou moins large pour réaliser des filets.

Brosse à pocher
Brosse large, dure, rectangulaire, en sanglier, existe en différentes tailles (p. 105).

Brosse en poils de martre
Pinceau d'artiste, d'excellente qualité, fabriqué avec les poils de ce petit animal.

Brosse ronde en soies de porc
Pinceau utilisé notamment pour le « faux marbre ».

Carte de Lyon
Carte très rigide, servant pour les pochoirs.

Chiffon doux
Linge de coton à tissage lâche.

Chinoiserie
Style décoratif imitant les motifs chinois.

Cire à dorer
Dorure en crème s'appliquant au frottis, disponible dans divers tons or et argent, souvent utilisée pour dorer des parties sculptées.

Couche d'apprêt
Peinture s'appliquant sur une surface brute pour l'imprimer ou la sceller, c'est-à-dire en boucher les pores.

Couleur pour artiste
Peinture de très bonne qualité.

Coquille d'œuf
Peinture à l'huile dont je me sers souvent pour la sous-couche pour son fini velouté et sa résistance. Peut se mélanger avec une couleur à l'huile, mais pas avec une couleur acrylique. Parfois difficile à trouver dans le commerce. A remplacer alors par une autre peinture.

Découpage
Collage d'images découpées, recouvertes de plusieurs couches de vernis afin d'imiter un laque. Technique dite de la « laque pauvre ».

Dorure à la feuille
Technique traditionnelle de décoration par transfert de minces feuilles d'or.

Emulsion
Peinture à l'eau pouvant servir de sous-couche.

Faux marbre
Technique picturale imitant les veines et les couleurs du marbre.

Fixateur
Produit se présentant en bombe et destiné à fixer les surfaces fragiles (fusain, pastel...).

Glacis coloré/teinté
Mélange liquide de glacis transparent, de couleur à l'huile et de white spirit, s'utilisant dans de nombreux décors.

Glacis transparent
Préparation composée d'huile de lin, de siccatifs, de blanc de charge et d'autres huiles ; d'aspect blanc cassé. A teinter avec des couleurs à l'huile.

Gouache
Peinture opaque à l'eau. Contrairement à l'acrylique, reste perméable.

Huile de lin
Huile végétale entrant dans la composition du

glacis transparent, servant en ébénisterie et comme diluant en peinture.

Laque
Vernis coloré servant à obtenir une finition très brillante.

Mastic cellulosique
Sorte de pâte à bois qui durcit et sèche très rapidement, sans se rétracter.

Opaque
Non transparent (se dit d'une couche de peinture ou de vernis coloré).

Laine d'acier
Mousse plus ou moins fine de fils métalliques abrasifs servant à aplanir les aspérités d'une surface.

Papier de verre
S'utilise sec ou imbibé d'eau pour poncer un support et le rendre bien lisse.

Pâte à bois
Pâte modelable à base de sciure servant à obturer les fissures et autres défauts d'un bois.

Patine
Finition donnant un aspect velouté à un meuble et protégeant sa surface. Il existe plusieurs procédés. On parle aussi de « patine du temps » pour un meuble ancien.

Patine « antiquaire »
Procédé imitant l'usure d'un meuble ancien.

Peintures à l'eau
Peintures se diluant à l'eau : acryliques, gouaches...

Pigment
Substance colorée d'origine végétale, minérale ou animale, entrant dans la composition d'une peinture.

Pinceau/Brosse d'artiste
Brosse fine pour les travaux délicats.

Queue à battre
Brosse à longs poils de crin, servant à lisser (p. 103).

Repères
Marques ou encoches dans les angles d'un pochoir, permettant de le placer correctement.

Résine
Gomme gluante sécrétée par le bois. Il faut l'éliminer avant peinture.

Sous-couche
Première couche servant de base à la plupart des décorations.

Térébenthine (Essence de)
Liquide huileux, transparent, s'utilisant comme solvant des peintures et vernis. A ne pas confondre avec le white spirit.

Traînard
Pinceau d'artiste, à longs poils, pour réaliser les filets

Traînard biseauté
Brosse taillée en biseau, retenant une grosse charge de peinture, pour réaliser de longs filets (p. 104). S'emploie aussi pour imiter le veinage en lignes brisées d'un décor « faux marbre ».

Toile émeri
Toile abrasive fine, similaire au papier de verre.

Veinage
Processus entrant dans la technique du « faux marbre » (pp. 104-107), requiert l'emploi d'une brosse à filets.

Vermoulures
Trous réalisés par des parasites qui pondent dans les fissures d'un meuble et dont les larves se nourrissent de bois, en creusant de minuscules tunnels. Il est indispensable de traiter les bois pour les éliminer.

Vernis
Ils servent à réaliser une patine antiquaire, des craquelures (p. 126), des laques, et fixer un décor peint. Le vernis transparent au polyuréthanne est très résistant ; il existe en finition mate, satiné, coquille d'œuf, semi-brillante ou brillante. Utilisez toujours un vernis transparent.

White spirit
Liquide transparent entrant dans la composition d'un glacis teinté. S'utilise comme diluant de la peinture à l'huile et pour nettoyer les pinceaux. Ne pas confondre avec l'essence de térébenthine.

DÉFINIR UNE PALETTE

ON PEUT DÉCORER des meubles en tirant partie de leurs formes et de leurs lignes, ou en cherchant à les harmoniser avec le mobilier et la décoration de la pièce où ils se trouveront, ou bien respecter les couleurs et les motifs caractéristiques d'une époque, s'il s'agit de meubles de style. Lorsque vous choisissez une palette de couleurs, essayez de vous concentrer sur deux ou trois teintes principales, avec quelques touches d'autres couleurs pour les rehausser. Souvent la sous-couche sert comme fond, choisissez-la donc avec soin puisqu'elle jouera un rôle important dans le décor.

Voici quelques exemples courants de combinaisons de couleurs, dont je me sers moi-même. Il se peut que vous y trouviez vous aussi votre inspiration.

▲ ***Memphis***
Des teintes audacieuses et des lignes surprenantes constituent l'essentiel de ce style contemporain. Des formes géométriques caractéristiques dans des couleurs franches et éclatantes sur des fonds noirs ou blancs, avec des ombrés dans les pastels.

▶ ***Style suédois traditionnel***
Des verts et des bleus profonds, avec des ocres brun rosé, voilà le style suédois et scandinave traditionnel. Ces teintes apparaissent non seulement dans le mobilier classique, mais davantage encore dans le rustique, ainsi que dans les peintures de Carl Larsson.

◀ ***Oméga***
Créé par Roger Fry, Duncan Grant et Vanessa Bell, ce groupe a une approche picturale du mobilier décoré. Des images classiques peintes dans de doux jaunes, roses et bleu-gris jouent un rôle important dans leurs palettes.

▲ ***Art populaire américain***
L'art populaire américain se réclame beaucoup des verts profonds, des rouges brique et des jaunes babeurre. Telles étaient les teintes favorites des premiers colons scandinaves et allemands, pour décorer leurs granges et leurs quilts.

◀ ***Style vénitien***
Des teintes délicates et raffinées avaient la faveur des ébénistes vénitiens et de leurs homologues britanniques. Les plus courantes étaient l'ocre brun profond et le vert forêt soutenu, avec des rehauts jaune ocre, ivoire et or.

▲ ***Chinoiserie***
Il n'existe sans doute aucun style aussi caractéristique. On identifie immédiatement l'image richement colorée d'une pagode ou d'un paysage exotique, réalisée dans les tons or, orange brûlé et ivoire sur un fond noir

PRÉPARER LE SUPPORT

PRÉPARER UN BOIS BRUT

Tous les bois bruts, flambants neufs ou décapés et mis à nu, ont besoin d'une couche d'impression et d'un apprêt avant d'y appliquer tout autre peinture, à moins que vous ne souhaitiez les décorer directement au pochoir, ou les blanchir. Avant tout, poncez la surface au papier de verre pour la rendre bien lisse. Bouchez la moindre fissure avec de la pâte à bois ou un mastic et passez une gomme laque sur les nœuds pour éviter que la sève ne suinte et entache votre travail. Puis appliquez enduit et couche d'apprêt.

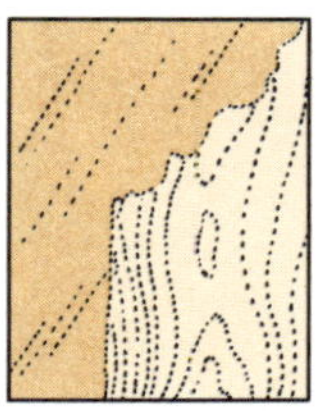

DÉCAPER UN VIEUX BOIS PEINT

Si elle est propre, une ancienne peinture brillante peut être recouverte directement, mais une couleur récente nécessitera un ponçage au papier de verre ou à la ponceuse électrique.

On peut décoller les peintures qui s'écaillent si elles ont été appliquées sur un vieux vernis. Ces derniers nécessitent aussi un décapage avant de commencer toute décoration.

Si la surface est recouverte d'une vieille couche de cire, vous pouvez l'ôter avec un produit du commerce.

Il ne doit pas y avoir la moindre tache, saleté ou poussière sur le support. Vous pouvez dépoussiérer à la brosse, en lessivant ou en aspirant.

Dans les coins délicats, les particules peuvent s'ôter à l'aide d'un instrument contondant. Utilisez une eau savonneuse ou un détergent pas trop agressif, puis rincez abondamment.

Assurez-vous que la surface soit bien sèche avant la moindre application.

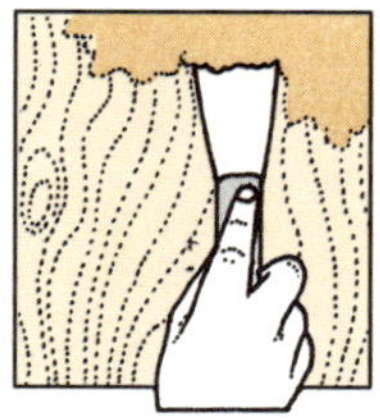

DÉCAPER UNE PEINTURE

Le décapage à chaud est plus économique, mais s'il n'est pas manié avec soin, le chalumeau risque de brûler le support. On peut diriger un pistolet à air chaud sur une zone peinte et, après quelques secondes, la peinture se ramollira et pourra se décoller à la spatule.

En principe, les décapants chimiques conviennent davantage aux meubles, notamment pour les parties sculptées ou moulurées et pour une peinture épaisse.

Un produit à décaper se passe en fine couche et doit pénétrer plusieurs heures.

Un décapant liquide, très efficace sur le vernis et sur une ou deux couches de peinture, doit être frotté vigoureusement à la brosse métallique dure, avant décollage à la spatule.

Vous pouvez terminer à la laine d'acier imbibée de white spirit. Portez toujours des gants lorsque vous utilisez un décapant.

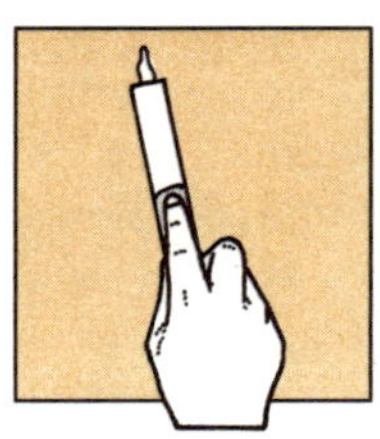

FAIRE DES PETITES RÉPARATIONS

Pour réparer une entaille dans du bois massif, posez dessus un linge humide et dirigez un fer à souder sur la partie endommagée. La vapeur dégagée gonflera le bois et les fibres écrasées remonteront.

Pour les petits trous, tels ceux causés par les vers, obturez-les à la cire avec la lame d'un couteau. Puis poncez au papier de verre.

Pour les gros trous, garnissez de mastic à l'aide d'une spatule. Après séchage, finissez au papier de verre.

Pour réparer un angle cassé, modelez grossièrement de la pâte à bois. Après séchage, peaufinez en ponçant.

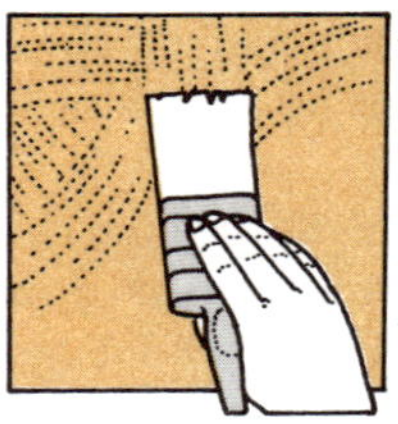

APPLIQUER LA PEINTURE

Si vous utilisez un pot déjà ouvert, assurez-vous que vous aurez suffisamment de peinture. Avant chaque couche, dépoussiérez le support avec un chiffon non pelucheux. Terminez chaque surface avant de passer à une autre pour éviter la formation de traces de pinceau. En principe, une couleur à l'eau qui ne goutte pas se prend directement dans le pot, sans avoir besoin de la mélanger. Une peinture à l'huile doit se remuer et vous l'utiliserez sans doute plus facilement dans un bac. Si le pot a déjà été ouvert, vous devrez sans doute retirer la peau qui se sera formée en surface.

Une peinture brillante est plus délicate à appliquer qu'une émulsion. Ne chargez pas trop votre brosse, pour obtenir un fini sans traces de pinceau ni coulures. Ne la trempez pas trop profondément dans le bac et pressez-la contre la paroi pour enlever l'excédent. Couvrez une petite zone en travaillant dans le sens du bois. Puis changez de direction et étalez légèrement la peinture.

Travaillez de nouveau dans le sens de la fibre, en finissant par un mouvement vertical vers le haut. Rechargez la brosse et, en laissant un espace de la largeur du pinceau, peignez une bande parallèle. Puis couvrez en travers pour combler l'intervalle. Pour éviter qu'une ride se forme à chaque raccord, passez la pointe de la brosse à ras de la ligne.

Pour finir, peignez énergiquement toute la surface et achevez par des coups de pinceau verticaux. N'espérez pas que la première couche soit uniforme. Laissez sécher pendant plusieurs heures, puis poncez au papier de verre à grain fin entre chaque couche.

Si vous employez une émulsion qui ne goutte pas, remuez bien et chargez suffisamment votre brosse pour couvrir de larges bandes horizontales. Travaillez rapidement et dissimulez les raccords avant séchage. Dans le cas d'une émulsion mate, terminez par des coups de pinceau entrecroisés ; s'il s'agit d'une émulsion satinée, finissez par de légers coups de pinceau verticaux.

UN TRUC UTILE

Voici un moyen pour nettoyer correctement vos brosses imbibées de peinture à l'huile.

♦ Avant d'utiliser un pinceau neuf, percez un trou à la base du manche, au centre.

♦ Pour le nettoyage, glissez un long clou dans ce trou et posez-le sur le bocal contenant le solvant.

♦ La brosse baignera dans le solvant sans se déformer.

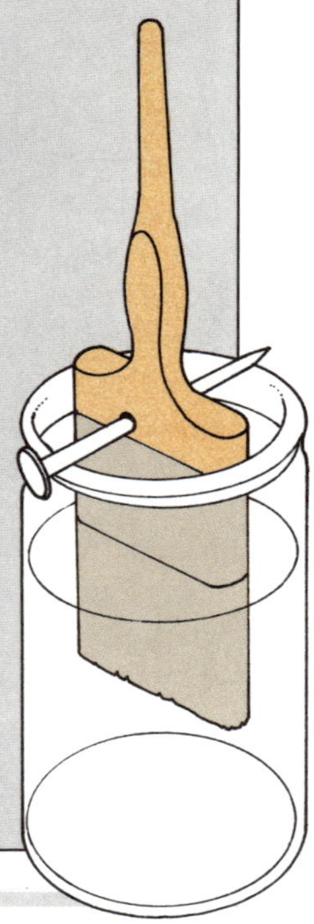

LE GLACIS TEINTÉ

Le mélange requis pour la plupart des finitions est de 50 % de glacis transparent, 50 % de white spirit et de la peinture à l'huile pour artiste selon la couleur voulue. Je vous ai indiqué si vous avez besoin de davantage de white spirit ou de peinture à l'huile.

Pour les bleus, il est important d'employer une coquille d'œuf blanche (jusqu'à un tiers de la valeur totale) si vous voulez obtenir le même effet que moi.

Le glacis coloré s'applique en fine couche et sèche rapidement, surtout s'il fait chaud. La sous-couche doit toujours transparaître. Les cinq premières minutes de séchage correspondent au moment où vous devez éponger, tapoter ou pocher la surface.

Le glacis reste assez longtemps soluble dans le white spirit, vous pouvez donc nettoyer les éclaboussures sur les murs ou le plancher avec un peu de ce solvant.

Si vous devez laisser votre travail à moitié achevé pendant la nuit, recouvrez toujours le bocal d'un film plastique, pour éviter le dépôt de poussière, la déperdition d'humidité et la formation d'une peau en surface. En cas de formation de grumeaux, vous pouvez filtrer le glacis à travers un chiffon doux, un tamis ou un bas de nylon.

L'ENTRETIEN DES BROSSES

Il est essentiel de bien laver les pinceaux pour les conserver. La plupart s'assouplissent avec l'âge mais les neufs sont très raides, plus difficiles à nettoyer et perdent quelques poils au début. En règle générale, utilisez un produit détergent ou du white spirit, lavez à grande eau additionnée de liquide vaisselle, puis rincez et laissez sécher.

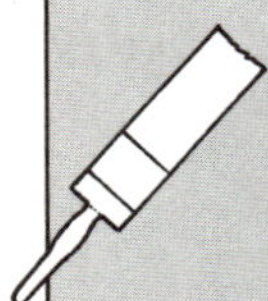

Queue à battre
Nettoyez d'abord au white spirit ou avec un détergent, puis à grande eau additionnée de liquide vaisselle. Pour conserver sa forme, enveloppez-le dans du papier et rangez-le à plat.

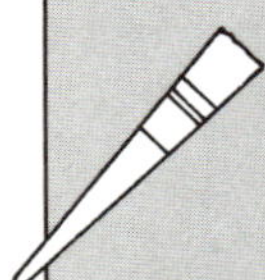

Brosse ronde
Nettoyez dans du white spirit, jusqu'à totale disparition du glacis.

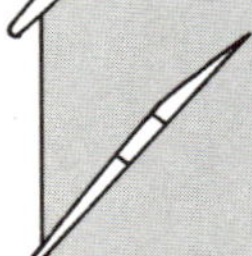

Traînard biseauté
Nettoyez au white spirit, puis à l'eau de vaisselle. Redonnez-lui sa forme en passant un peu de vaseline sur les soies et rangez-le soigneusement.

Brosse à vernir
Rincez bien au white spirit pour enlever le vernis.

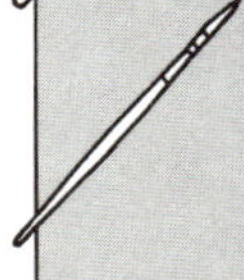

Pinceau d'artiste
Nettoyez au white spirit, puis rincez à grande eau. Redonnez-lui sa forme en passant un peu de vaseline sur les soies.

Peignes
Nettoyez au chiffon et au white spirit. Ne jamais les laissez tremper dans ce solvant

Éponges
Nettoyez au white spirit, puis à l'eau de vaisselle. Laissez sécher naturellement.

Chiffons doux et linges
S'ils sont imprégnés de glacis à l'huile, ne jamais les laisser traîner en tas, car ils pourraient s'enflammer. Séchez-les en les étendant à l'extérieur.

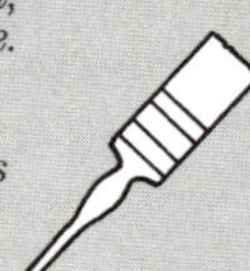

Pinceaux ordinaires
Nettoyez-les correctement au white spirit ou avec un détergent du commerce. On peut les laisser tremper un petit moment dans le solvant.

Blaireau à estomper
Lavez doucement au white spirit ou dans un produit nettoyant du commerce, avant et après usage. Nettoyez à l'eau de vaisselle, en faisant rouler la brosse dans vos mains pour enlever l'eau.

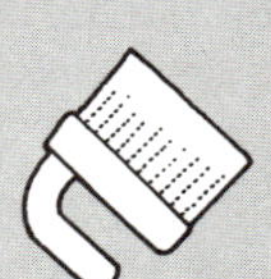

Brosse à pocher
Nettoyez correctement après utilisation. Ne laissez jamais le glacis sécher sur la brosse, ni celle-ci tremper dans le glacis ou du white spirit.

POCHER À L'ÉPONGE

C'EST UNE TECHNIQUE SIMPLE et rapide qui donne un effet de mouchetures irrégulières. C'est l'une des rares finitions qui réussit aussi bien avec une peinture à l'huile qu'une émulsion à l'eau. Les glacis à l'huile sont plus soutenus, les émulsions ont un rendu opaque. Une éponge naturelle est idéale. La méthode consiste simplement à la tremper dans le glacis et à la tamponner sur le support.

Le pochage à l'éponge convient sur la plupart des meubles mais ne réussit guère sur les pièces trop travaillées ou sculptées. Mieux vaut utiliser une éponge de petite taille. Dans les coins délicats, pressez-la ou déchirez un petit morceau.

Avant de pocher, passez une couche de coquille d'œuf dans la teinte de votre choix. Une fois sèche, tamponnez dans un autre ton ou une couleur différente. Des tonalités proches auront un effet assez doux, des contrastes trop marqués peuvent agresser l'œil. Vous pouvez aussi pocher sur plusieurs couches, soit en attendant que la première soit sèche, soit en appliquant la seconde couleur sur la première encore humide, de sorte qu'elles se fondent. La dernière couche aura toujours la tonalité la plus forte.

Prenez du recul et observez votre travail régulièrement afin de juger de l'effet. En cas d'erreur, vous pouvez effacer le glacis avec un linge imbibé de white spirit, et retirer l'émulsion avec de l'eau.

Avant usage, ramollissez toujours votre éponge en la trempant dans l'eau. Si vous versez un peu de glacis teinté dans un bac à peinture, vous pouvez la tremper dedans sans l'imbiber totalement, sinon vous gâcheriez l'effet. En cours de travail, si elle devient trop collante, il faudra peut-être rincer l'éponge au white spirit (ou à l'eau, s'il s'agit d'une émulsion). Nettoyez-la toujours parfaitement après utilisation.

MATÉRIEL

- Sous-couche
- Glacis coloré (voir p. 99) : glacis transparent 45 %, white spirit 55 %, couleur à l'huile à volonté, ou
- Émulsion acrylique
- Pinceau ordinaire de taille adéquate
- Éponge
- Bac à peinture

▲ *Versez un peu de glacis teinté dans un bac et trempez l'éponge légèrement humide. L'émulsion se prend directement dans le pot.*

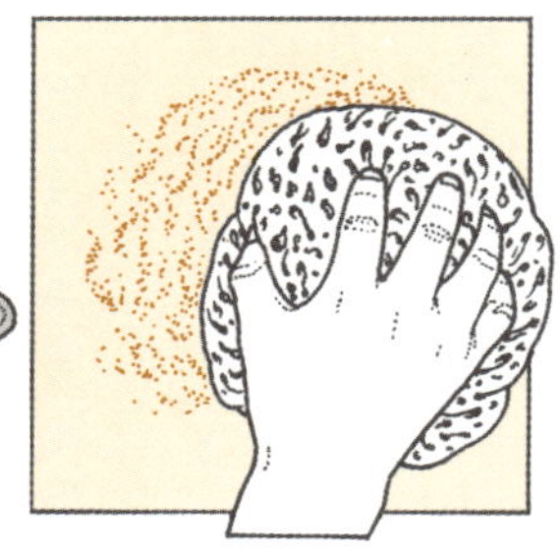

▲ *Tapotez l'éponge à peine chargée, en variant la pression au besoin, pour créer un motif régulier.*

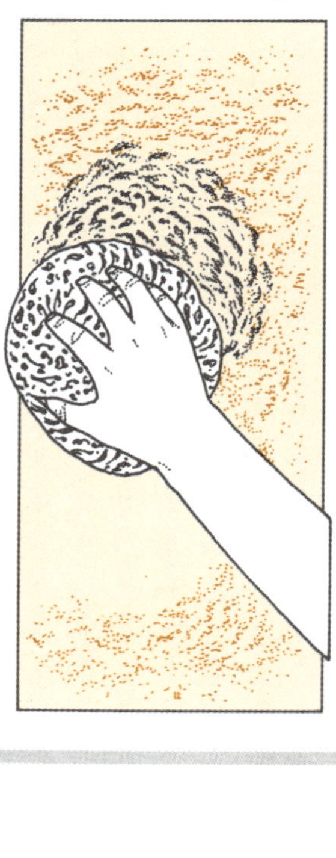

◀ *Appliquez les tons, avec différentes éponges pour donner du relief. La seconde couche peut s'appliquer sur la première encore humide, pour qu'elles se fondent, mais les maladresses ne peuvent pas se rectifier. Sur une première couche sèche, les maladresses de la seconde peuvent s'essuyer. Travaillez avec des tonalités proches pour un rendu plus doux. La dernière couleur appliquée dominera, alors réfléchissez bien à votre palette. Pour un contraste bien marqué, pochez des tons clairs sur une base foncée.*

ÉPONGER

ÉPONGER PRODUIT UN EFFET vaporeux ou moucheté. C'est une technique plus difficile que le pochage car on procède par étapes. Il faut passer d'abord une sous-couche (coquille d'œuf si possible) puis, dès qu'elle est sèche, un glacis à l'huile ou une émulsion avant d'éponger pour que la sous-couche transparaisse. En variant la pression, le rendu sera plus ou moins doux. Vous obtiendrez un bel effet de profondeur en épongeant le glacis puis, après séchage, en pochant à l'éponge imbibée de la couleur de la sous-couche, surtout si vous employez des teintes sombres et un vernis brillant.

Procédez par petites surfaces afin que le glacis ne soit pas trop difficile à travailler. Essayez d'éponger dans les cinq minutes qui suivent l'application du glacis, plus vite s'il s'agit d'une émulsion (le temps de séchage varie selon la température). Tâchez d'éponger de façon uniforme, l'excédent de couleur peut s'enlever au pinceau ordinaire.

MATÉRIEL

- ♦ Sous-couche
- ♦ Glacis coloré (voir p. 99) : glacis transparent 45 %, white spirit 55 %, couleur à l'huile (à volonté), ou
- ♦ Émulsion
- ♦ Pinceau ordinaire (taille variable selon celle du meuble)
- ♦ Bac à peinture
- ♦ Éponge

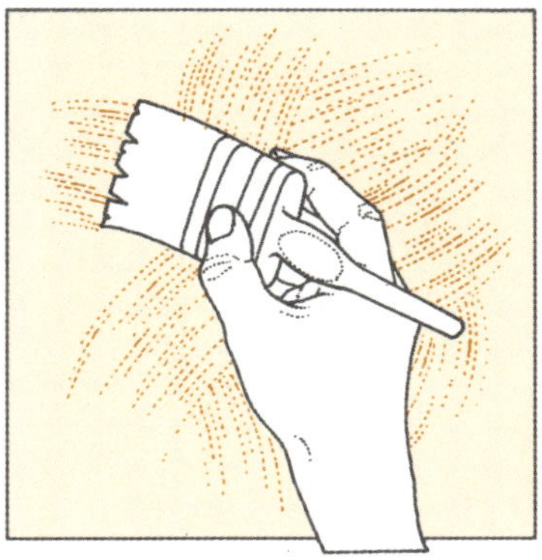

◄ *Avec un pinceau, couvrez la sous-couche sèche d'une fine couche de glacis teinté ou d'émulsion. Concentrez-vous sur de petites surfaces, afin que le glacis reste maniable.*

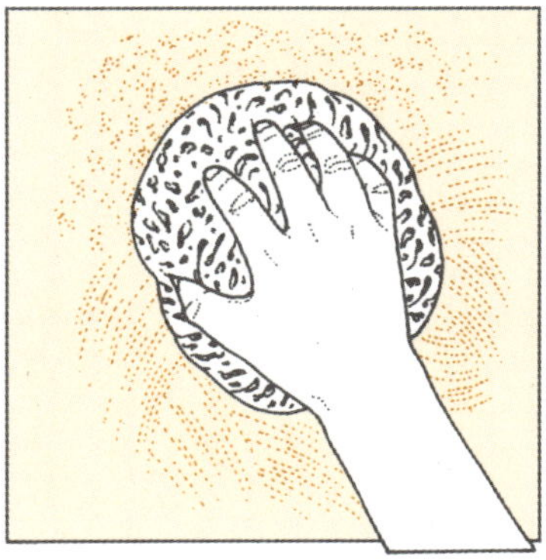

◄ *Tamponnez l'éponge pour retirer le glacis et créer des mouchetures. Lorsqu'elle devient collante, nettoyez-la au white spirit, puis au détergent, rincez abondamment.*

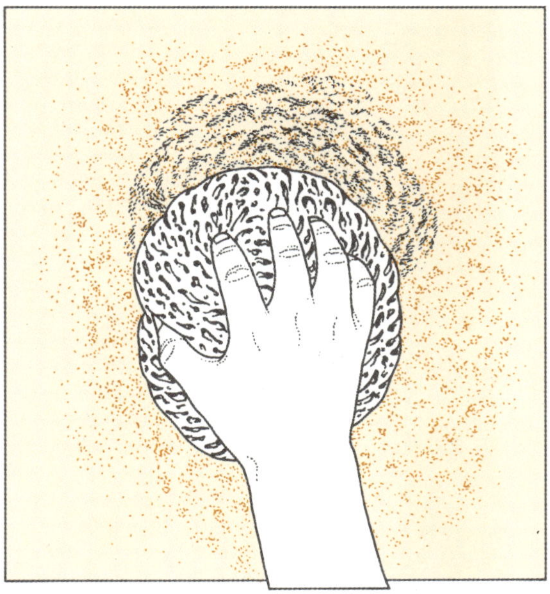

▲ *Pour varier les effets, essayez d'employer plusieurs couleurs, soit en les posant humide sur humide, soit en les laissant sécher entre chaque passage à l'éponge. Variez la pression jusqu'à obtention du fini souhaité.*

BADIGEONNER

L''EFFET DU BADIGEON varie selon que vous employez un chiffon ou une brosse. Avec le premier, le rendu sera plus doux qu'avec la seconde. La technique consiste à passer une fine couche de glacis teinté sur une base, puis d'essuyer énergiquement au pinceau ou au chiffon.

Le badigeon convient sur de grandes surfaces comme les plateaux de table, les armoires et les buffets. La technique est très efficace sur des panneaux de placards, en panachant avec un lissage sur les contours. Le badigeon dissimule assez bien les imperfections et donne un effet patiné sur les surfaces non planes.

Le rendu est meilleur lorsque la surface encore poisseuse est brossée ou essuyée, pour laisser une fine couche de glacis.

L'effet est renforcé en travaillant des tons foncés sur une base sombre. Une fois la première couche sèche, d'autres peuvent s'y appliquer. Un vernis brillant créera une imitation laque.

MATÉRIEL

- Sous-couche (coquille d'œuf)
- Glacis coloré (voir p. 99) : glacis transparent 45 %, white spirit 55 %, couleur à l'huile (à volonté)
- Brosse large, type brosse à encoller le papier peint
- Bac à peinture
- Vernis brillant
- Chiffon de coton

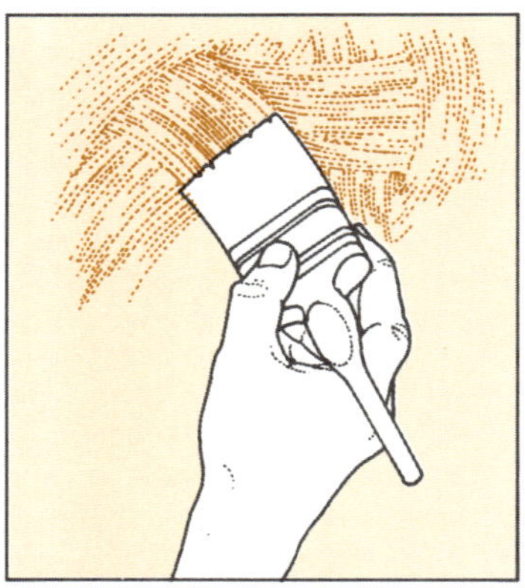

◀ *Passez une fine couche de glacis coloré sur la sous-couche sèche, en brossant doucement. Avec un pinceau large, essuyez le glacis en travaillant à grands coups de brosse.*

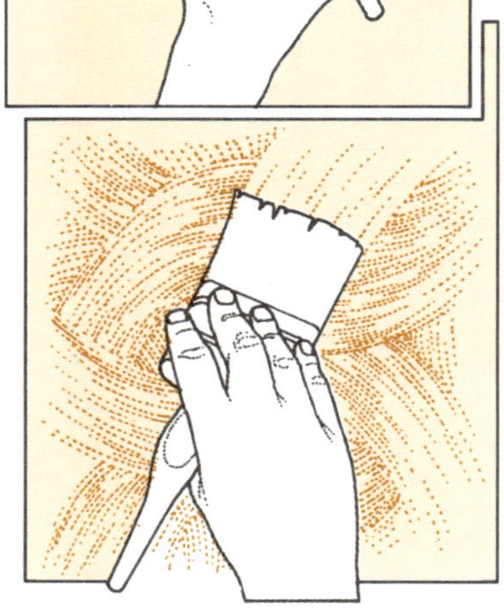

▶ *Pour varier et obtenir un doux effet vaporeux, essuyez le glacis avec un linge de coton sec.*

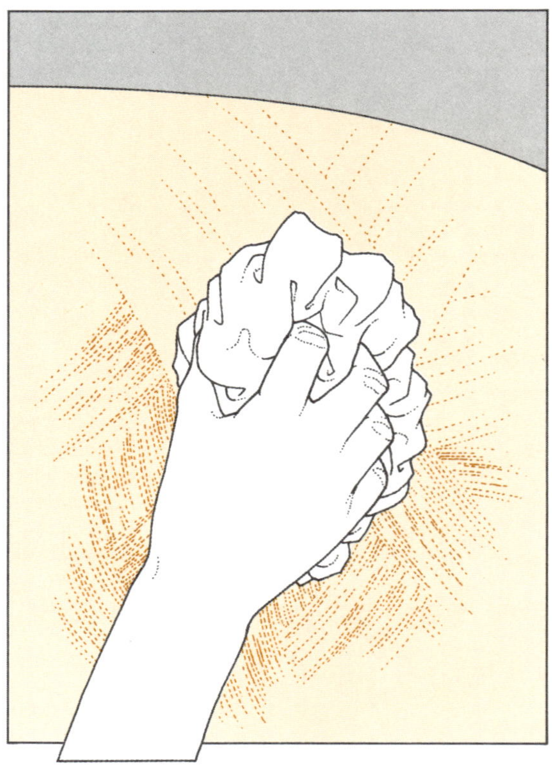

◀ *Après séchage, on peut appliquer une autre teinte.*

LISSER

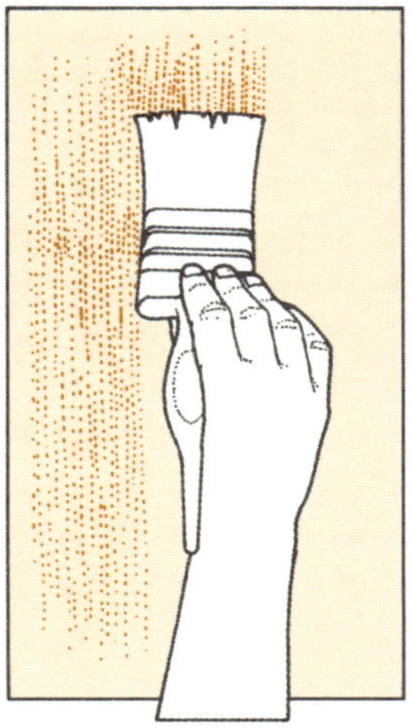

▲ *Passez au pinceau plat, en allant de haut en bas, une fine couche de glacis coloré sur une couche de base.*

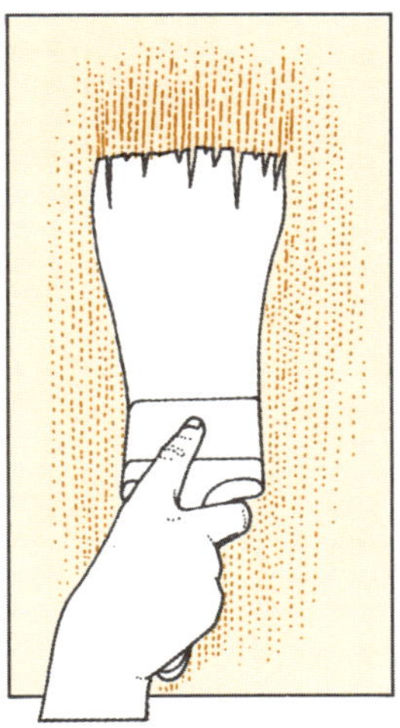

▲ *Passez la queue à battre en tirant suffisamment pour obtenir des lignes. Suivez toujours le sens de la veine du bois.*

MATÉRIEL

- Couche de base
- Glacis coloré (voir p. 99) : glacis transparent 45 %, white spirit 55 %, couleur à l'huile (à volonté)
- Vernis en bombe
- Pinceau ordinaire
- Queue à battre (6 cm est une bonne largeur)
- Chiffon de coton
- Bac à peinture

LA TECHNIQUE DU LISSAGE produit des lignes fines et délicates qui donnent de l'élégance à un meuble de ligne élancée. La surface doit être parfaitement lisse et dépourvue d'aspérités.

On peut utiliser toutes sortes de brosses, notamment la queue à battre qui offre un fini soigné et fin. Mais un pinceau ordinaire conviendra bien à un petit meuble comme une table de chevet. Lissez toujours dans le sens de la veine. Sur un plateau de table peu important, on obtiendra de bons résultats avec un chiffon imbibé de glacis. Pour finir, utilisez un vernis en bombe qui ne gâtera pas la fine couche de couleur, contrairement à un vernis passé à la brosse.

Pour un rendu diapré caractéristique du lissage, les tons de la base et du glacis doivent être proches. Si les tonalités sont trop différentes, le résultat donnera une impression de fines bandes colorées. Mieux vaut donc ne pas choisir une base blanche, à moins que le glacis soit très pâle. Si vous utilisez une queue à battre, essuyez-la dans un torchon si elle est trop chargée. Lissez en couches extrêmement fines, en évitant les surplus de peinture dans les coins et les rebords.

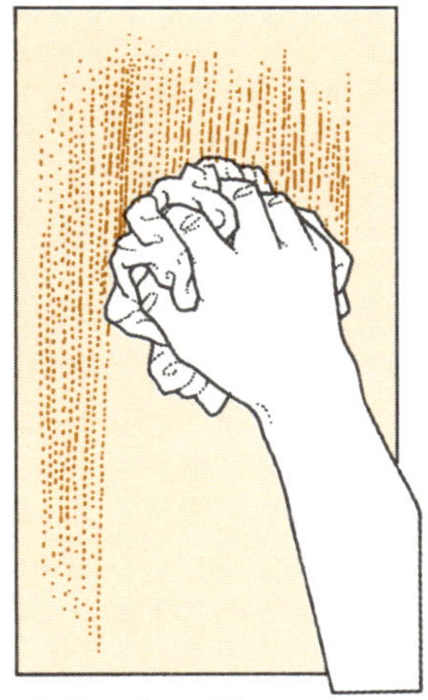

▲ *Sur de petits meubles, vous pouvez lisser avec un chiffon imbibé de glacis teinté.*

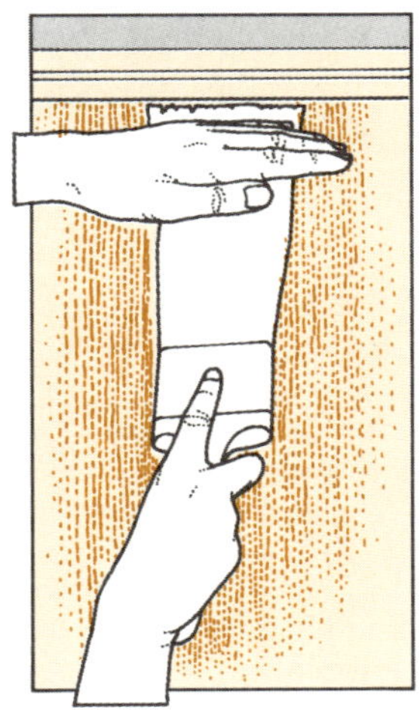

▲ *Pour éviter des marques aux raccords, repassez dessus en faisant glisser la brosse et en augmentant la pression au fur et à mesure. Finissez en vaporisant un vernis.*

Les Filets

LES FILETS PEUVENT rehausser la forme d'un meuble, améliorer une surface trop unie et lui donner du relief et de l'élégance. Vous pourrez les faire dans des tons plus clairs ou plus foncés, ou même dans des teintes contrastant avec le fond. Le filet réalisé à main levée est le plus joli, car plus naturel et légèrement irrégulier. Ce qui donnera du charme et du cachet à un vieux meuble. La méthode la plus simple consiste à tracer un filet suivant le tour d'un plateau de table ou la façade d'un tiroir. Si l'objet est verni, vous pouvez employer un ruban-cache qui vous servira de guide-ligne, notamment pour un filet assez large. Attention, car l'adhésif se froisse rapidement.

Vous pouvez utiliser une brosse à filet. Ce type de pinceau prend une grosse quantité de couleur et permet donc de tracer des filets d'un seul trait sans être obligé de le recharger. Il nécessite cependant une certaine habileté. On en trouve toute une variété, plus ou moins fins, parfois taillés en biseau. Les « traînards » sont tous très longs, leur manche servant de pivot et les soies agissant comme une queue qui suit derrière, chargée de couleur.

La consistance du glacis doit être relativement liquide, pour s'écouler librement de la brosse. Plus vous appuierez sur la surface, plus large sera le filet. Servez-vous de votre petit doigt comme d'un guide. Une fois votre main en position, gardez-la bien ferme et tracez en descendant rapidement. Le secret, c'est de ne pas regarder la brosse mais de devancer le pinceau des yeux, en gardant la bonne distance pour un long mouvement du pinceau. Tracez une ligne plus longue, au besoin, puis essuyez l'excédent au chiffon avant séchage.

Enfin, vous pouvez utiliser un crayon-feutre indélébile et une règle, vous obtiendrez un filet fin et précis.

MATÉRIEL

- Couleur à l'huile éclaircie avec du blanc
- Pinceau d'artiste et
- Ruban-cache, ou
- Traînard biseauté, brosse à filets, ou
- Crayon-feutre et règle
- Chiffon de coton

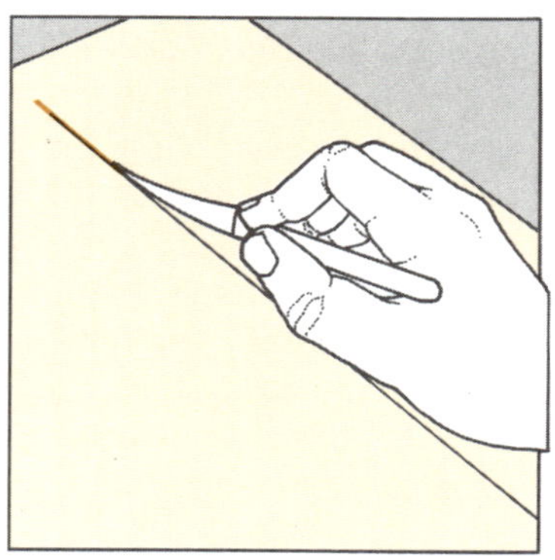

▲ *Chargez une brosse à filet et tracez le filet sans lever la main, votre auriculaire servant de guide.*

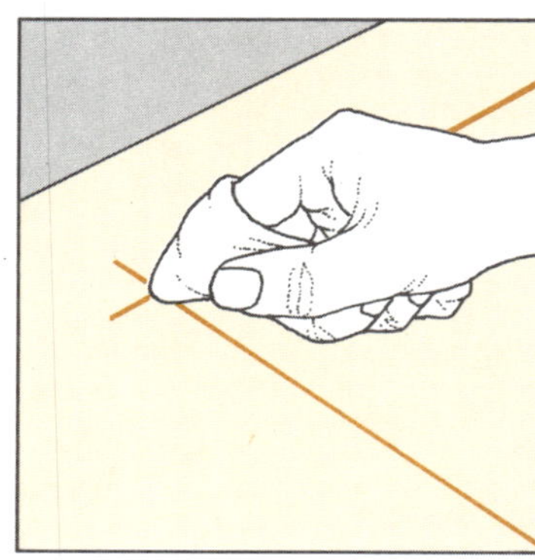

▲ *Pour une ligne épaisse, appuyez davantage. Au croisement des filets, ôtez l'excédent au chiffon.*

POCHER À LA BROSSE

LE POCHAGE CRÉE un délicat effet moucheté peu visible à distance, mais qui donne une sensation de profondeur vu de près. La technique fonctionne à merveille sur les moulures et sculptures. Les teintes pastel paraissent « impressionnistes », les couleurs franches éclatent de plus belle.

Le pochage fait ressortir les moindres défauts d'un meuble, mieux vaut donc choisir un support parfaitement lisse ou boucher les moindres fissures avant de commencer.

La brosse à pocher doit se manier d'une main ferme. On obtient un résultat similaire avec un chiffon doux, mais une large surface paraîtra moirée vue de loin.

Il faut davantage d'huile dans le glacis coloré que pour les autres techniques. Il s'applique en fine couche avec un pinceau ordinaire. La brosse à pocher sert ensuite à répartir uniformément la peinture pour masquer les traces de pinceau. Lorsque le glacis est presque sec, on peut ôter l'excédent dans les coins et sur les bordures à l'aide d'une petite brosse à pocher.

MATÉRIEL

- Couche de base
- Glacis coloré (voir p. 99) : glacis transparent 45 %, alcool minéral 55 %, couleur à l'huile (à volonté)
- Brosses à pocher : 10 x 1 cm, 7,5 x 10 cm ou 5 x 15 cm
- Chiffon de coton
- Bac à peinture

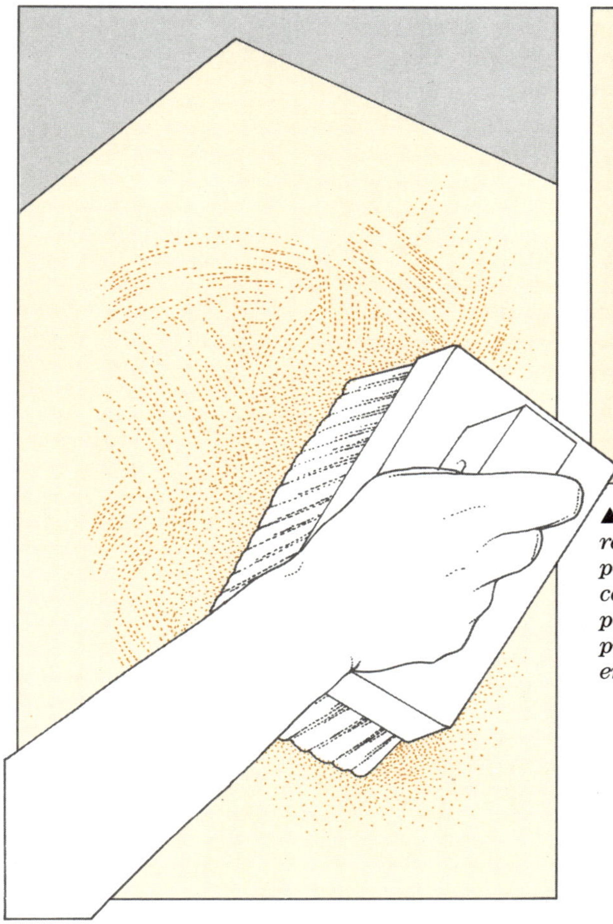

▶ *Passez une fine couche de glacis teinté sur la base sèche. Vous devrez ajouter suffisamment de couleur à l'huile pour obtenir une couleur soutenue. Tant qu'il est encore humide, tamponnez la brosse sur le glacis comme pour l'éponger, et effacez les traces de pinceau. A mesure que le glacis s'accumule sur la brosse, essuyez-la au chiffon.*

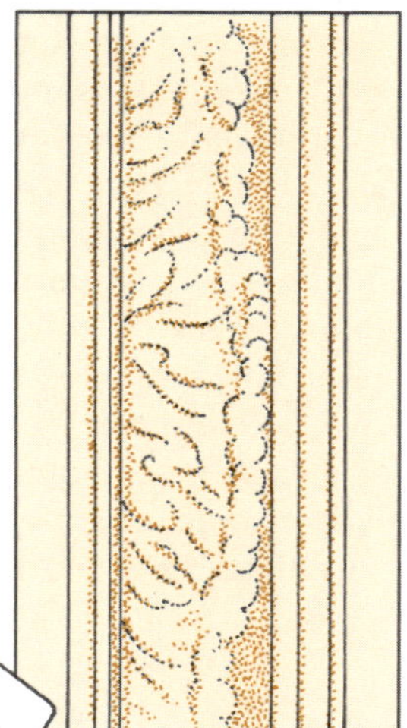

▲ *Les parties sculptées ressortent bien après pochage. Pour un effet contrasté, vous pouvez passer un chiffon propre sur les zones en relief.*

POCHER AU CHIFFON

C'EST UNE TECHNIQUE simple, rapide et souple, qui ne nécessite pas de matériel particulier et qui produit un effet tacheté. Le résultat dépend des couleurs, du tissage du chiffon utilisé et du temps passé. La méthode consiste à passer au pinceau une mince couche de glacis sur une base (coquille d'œuf, si possible) avant de la tamponner au chiffon. Un drap de coton ou un tee-shirt usés produiront des motifs aux contours flous, tandis qu'une toile à trame lâche créera des dessins plus marqués sur les bords. N'utilisez pas de tissus synthétiques, car ils n'absorbent pas le glacis.

Le pochage au chiffon peut constituer un excellent fond pour une décoration au pochoir. Il s'applique à merveille sur les grandes surfaces. Sur le petit mobilier, restez dans une gamme de tons assez proches. En général, le pochage fait disparaître les marques de la brosse, mais vous pouvez très bien souhaiter en laisser quelques-unes pour créer un contraste. Deux ou plusieurs couleurs appliquées en couches successives peuvent donner de la profondeur, surtout si vous commencez par une teinte claire, en la recouvrant ensuite d'une plus foncée.

MATÉRIEL

- Sous-couche
- Glacis teinté (voir p. 99) : glacis transparent 50 %, white spirit 50 %, couleur à l'huile (à volonté)
- Petite brosse à pocher
- Pinceau ordinaire
- Chiffon de coton ou tissu non synthétique (ou papier kraft ou sachet en plastique)
- Bac à peinture

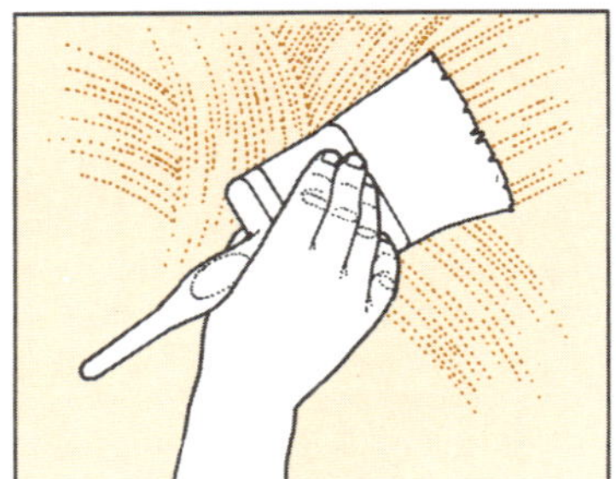

▶ *Couvrez uniformément la base sèche d'une fine couche de glacis teinté.*

▶ *A l'aide d'une boule de chiffon froissé, tamponnez légèrement le glacis humide. Repliez le chiffon dès qu'il est recouvert de peinture. Remplacez-le s'il devient trop poiseux.*

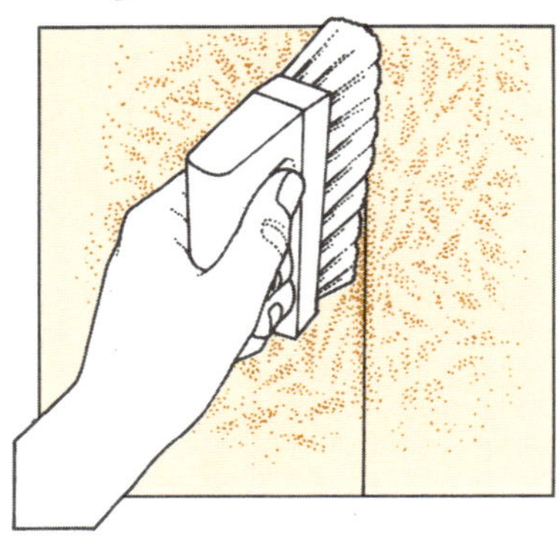

▶ *Pour ôter l'excédent de glacis accumulé dans les coins et le long des bordures, utilisez une petite brosse à pocher ou un petit pinceau ordinaire.*

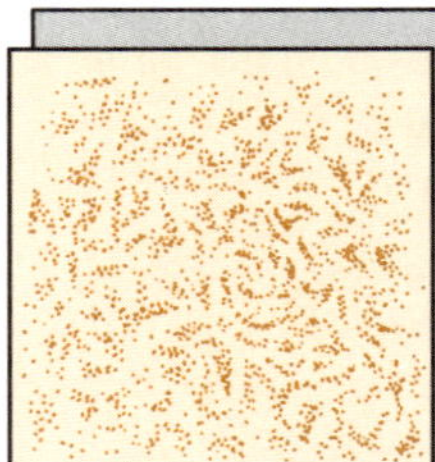

PAPIER FROISSÉ

On peut utiliser comme tampons des sacs de papier kraft ou de plastique froissés avec un glacis en très faible quantité. Épongez au besoin le tampon avec du papier absorbant pour ôter l'excédent de couleur. Comme ces matériaux n'absorbent pas la couleur, on obtient un effet assez contrasté. L'effet sera encore plus marqué si vous n'utilisez qu'un seul sac. Ne le changez que si vraiment il est trempé !

POCHAGE AU CHIFFON ROULÉ

CETTE TECHNIQUE EST une combinaison du pochage sur glacis teinté, et de l'essuyage avec le chiffon roulé. Ces étapes doivent se succéder assez rapidement, sur le glacis encore humide. Les panneaux d'une armoire conviennent à merveille pour ce type de décoration, le reste du meuble étant lissé (voir p. 103) ou poché à la brosse (voir p. 105).

Une fois le support poché, vous roulez le chiffon en serrant plus ou moins fort, selon la finition voulue. Vous pouvez le modeler en forme de boudin, mais vous risquez d'obtenir un motif rayé de lignes horizontales. La méthode classique consiste à froisser le chiffon et à le rouler sur la surface comme un rouleau à pâtisserie. L'idée, c'est de créer une texture uniforme, laquelle dépend du premier pochage à la brosse. Si vous inversez les opérations, c'est-à-dire : chiffon roulé, puis pochage à la brosse, le rendu sera tout à fait différent.

Sur de petites surfaces, vous pouvez tapoter légèrement, comme dans un pochage au chiffon. Il vous faudra beaucoup de peinture à l'huile, car l'opération absorbe une assez grosse quantité de couleur. Veillez à ce que la couche de base et le glacis soient dans des tonalités proches. Retirez l'excédent de glacis à la brosse à pocher. Si le glacis est trop sec, appuyez davantage.

▲ *Passez votre glacis teinté sur la base sèche, comme pour un pochage au chiffon (voir page 106), en évitant d'appliquer une couche trop épaisse. Pochez uniformément avec une brosse d'une taille adaptée à la surface à couvrir.*

◀ *Avant que le glacis ne soit complètement sec, faites rouler un chiffon froissé sur la surface qui colle un peu. Prenez soin de ne pas le laisser glisser. Mieux vaut froisser le chiffon plutôt que de le plier.*

MATÉRIEL

- ♦ Sous-couche
- ♦ Glacis teinté (voir p. 99) : glacis transparent 45 %, white spirit 55 %, couleur à l'huile (en quantité assez importante)
- ♦ Brosse à pocher
- ♦ Pinceau ordinaire
- ♦ Bac à peinture
- ♦ Chiffons de coton

DÉCORER AU PEIGNE

CETTE TECHNIQUE DÉCORATIVE est très ancienne ; elle produit un effet de rayures, les dents du peigne repoussant le glacis. Vous pouvez créer toutes sortes de motifs sur la plupart des supports, en utilisant plusieurs couleurs, diverses tailles de peigne, et en travaillant dans plusieurs directions. Si la surface est rugueuse, le peigne risque de manquer certaines zones, mais si elle est trop lisse, il risque de glisser. Alors préparez la surface pour qu'elle soit plane.

On trouve toutes sortes de peignes dans le commerce, en général assez petits, en métal ou en caoutchouc. En métal, ils doivent être protégés par un morceau de tissu en coton pour éviter les éraflures. Ils créent un effet de veinage ou des rayures. Vous pouvez aussi en fabriquer dans du carton ou du liège, ce qui vous évitera d'érafler le support. Un peigne assez large permet de couvrir facilement des surfaces importantes.

Avant tout, passez une couche de base claire. Sur des petits meubles, mieux vaut pocher au chiffon doux, quand la peinture est encore poisseuse, pour ôter les traces de pinceau. Quand vous peignez, réfléchissez bien aux tons choisis, car la dernière couche dominera. En cas d'erreur, laissez sécher, puis passez un autre glacis et recommencez à peigner.

MATÉRIEL

- Sous-couche claire
- Glacis teinté (voir p. 99) : glacis transparent 50 %, white spirit 50 %, couleur à l'huile (à volonté)
- Chiffon à tissage lâche
- Pinceau ordinaire
- Peigne en caoutchouc, en métal, ou découpés dans du liège ou du carton
- Bac à peinture
- Chiffon de coton

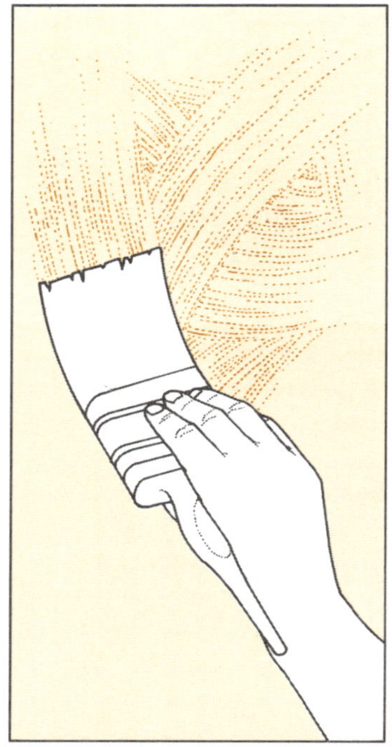

▶ *Assurez-vous que la surface soit assez lisse ; si elle est bosselée, le peigne ne prendra pas la peinture. Bouchez les trous et les éraflures et poncez au papier de verre à grain fin. Passez une sous-couche de ton clair, puis pochez éventuellement au chiffon pour gommer les traces de brosse.*

▶ *Lorsque la base est uniformément sèche, passez une fine couche de glacis et peignez dessus en traçant le motif de votre choix. Si votre peigne est fabriqué maison, avec des dents irrégulières, vous pouvez varier les motifs en le faisant tourner.*

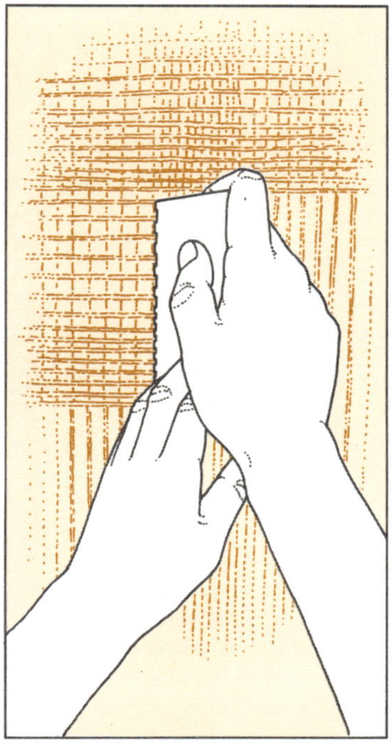

◀ *Pour un motif quadrillé, passez le peigne à la verticale, puis à l'horizontale, ou vice versa. Essuyez l'excédent de glacis sur le peigne, pour éviter les pâtés.*

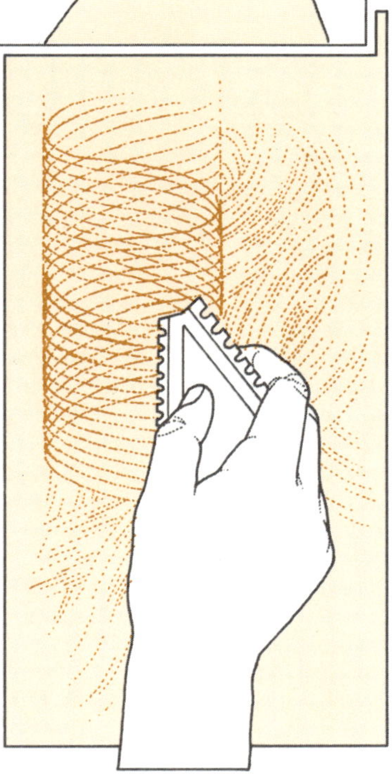

◀ *Vous pouvez créer des lignes ondulantes ou des zigzags, en combinant grands et petits peignes et en travaillant dans différentes directions. Essuyez toujours l'excédent de glacis sur votre outil et nettoyez-le au white spirit une fois que vous avez terminé.*

IDÉES DE MOTIFS

Les motifs varient selon la taille des peignes et le choix des couleurs. Entraînez-vous en fabriquant des peignes plus ou moins larges, dans du liège, avec des intervalles plus ou moins réguliers entre les dents. Dessinez des ondulations, des zigzags, des croisillons, des festons et des tresses. Les effets peuvent être surprenants.

IMITER LE BOIS

UNE IMITATION RÉALISTE exige sans doute une certaine maîtrise. Avant de vous lancer, examinez bien les caractéristiques du bois que vous voulez imiter. Le plus important est de bien choisir la couleur et les différents tons. La couche de base doit être proche de la teinte la plus claire du bois choisi, le glacis avec la plus sombre ; base et glacis conservant des tonalités proches.

Les imitations bois peuvent se faire avec des peintures à l'huile ou à l'eau. Certaines sont mieux réussies avec une couleur à l'huile, d'autres avec une couleur à l'eau, quelques-unes avec un panachage des deux. Souvent, le bois sera peint d'un glacis à l'huile, le veinage étant réalisé avec une couleur à l'eau.

Les techniques les plus simples emploient des glacis à l'huile. On recouvre une base coquille d'œuf, puis on dessine la veinure avec un glacis transparent. On distingue les imitations relativement faciles comme le pin, le chêne et l'acajou, et les plus délicates comme l'érable ou le noyer mieux réussies avec une peinture à l'eau.

La finition érable illustrée sur ces deux pages correspond au décor du lit de la page 35. Les « yeux de tigre » sont réalisés en faisant des points au hasard, avec le doigt ou la phalange, alors que le glacis est encore humide. On obtient ainsi de petites marques entourées d'un anneau blanc, qui peuvent s'adoucir au blaireau à estomper.

MATÉRIEL

- Sous-couche crème ou blanc cassé
- Glacis teinté (voir p. 99) : glacis transparent 50 %, white spirit 50 %, couleur à l'huile (à volonté)
- Pinceau ordinaire
- Blaireau à estomper
- Éponge
- Brosse fine en poils de martre ou crayon Conté
- Bac à peinture

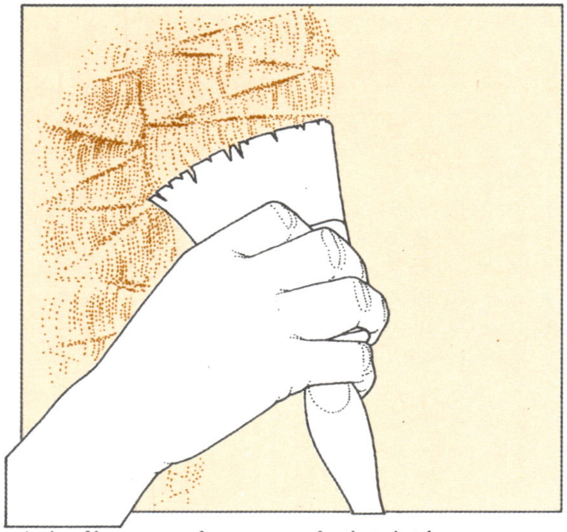

▲ *Appliquez une base coquille d'œuf blanc cassé ou crème. Laissez sécher, puis passez un glacis teinté, en tortillant votre pinceau sur la surface, d'un mouvement saccadé.*

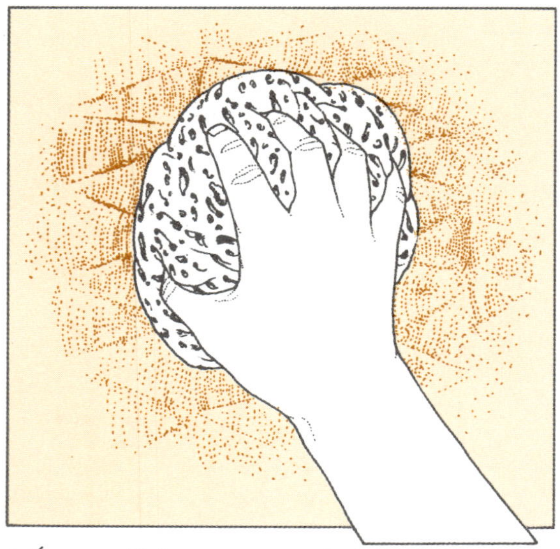

▲ *Épongez légèrement, pour obtenir un aspect tacheté à certains endroits. Telle est la finition érable classique.*

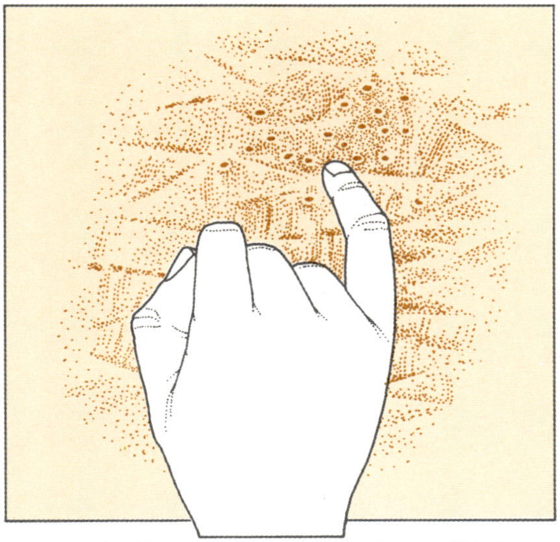

▲ *Pour le décor « œil de tigre », enfoncez légèrement le doigt ou la phalange dans le glacis mouillé et vous parviendrez à styliser ces caractéristiques du veinage.*

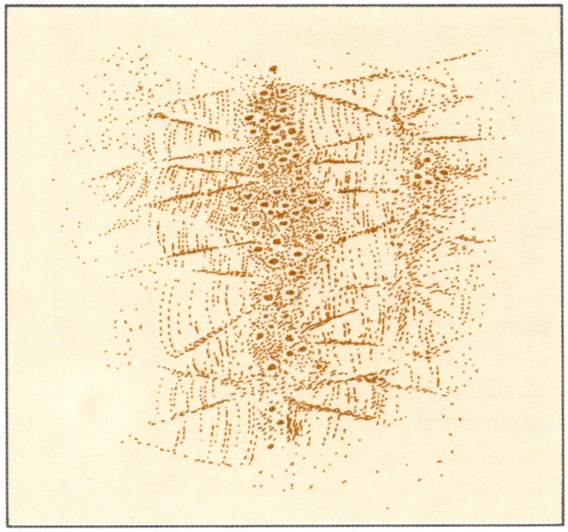

▲ *A ce stade, l'imitation « érable à œil de tigre » sera d'un bel effet. Vous n'avez plus qu'à vernir une fois la surface complètement sèche.*

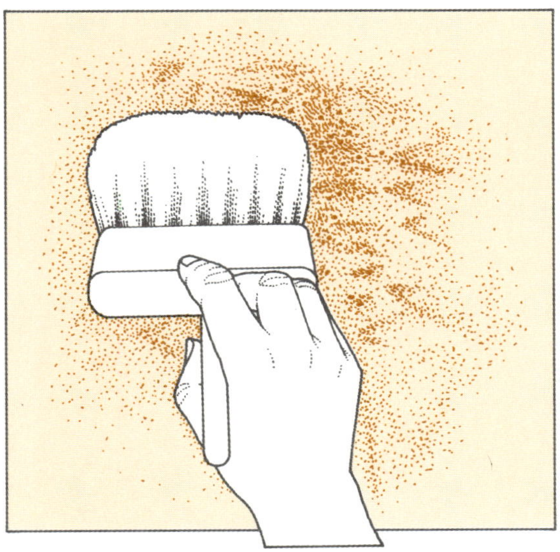

▲ *Laissez sécher le glacis ou, si vous préférez, estompez au blaireau, à l'endroit où les points sont presque secs, en tapotant vers le bas.*

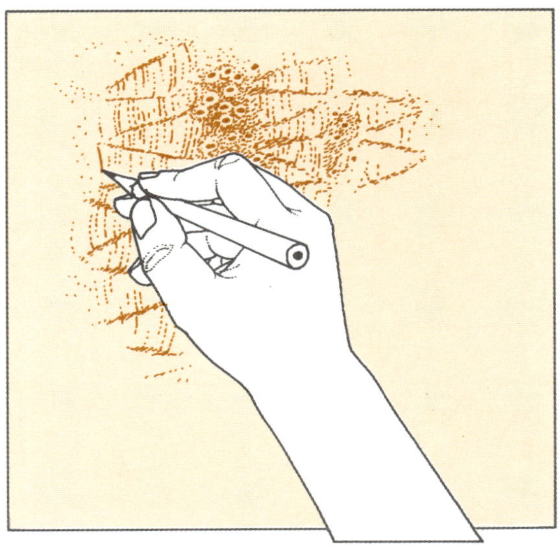

▲ *Vous pouvez souligner la veinure et les contours des yeux, en dessinant au crayon Conté, ou à l'aide d'une brosse en martre, chargée d'un peu de couleur à l'huile.*

PEINTURE PROJETÉE

CETTE TECHIQUE REQUIERT une main ferme et stable et une certaine maîtrise. L'idée, c'est de charger votre brosse avec du glacis coloré et, en tapotant le manche, de projeter la couleur sur la base, afin de créer un effet pointilliste.

Cela convient notamment aux encadrements de miroirs ou de tableaux, qui paraissent trop imposants avec un lissage.

Cela permet aussi de donner de la texture à une surface peinte sans recherche particulière.

Pour les petits meubles, mieux vaut employer une petite brosse en sanglier et tapoter le manche avec le doigt. Vous produirez de fines éclaboussures plutôt que de gros pâtés.

Un glacis trop épais fera des taches, un mélange trop dilué fera couler le glacis et vous perdrez tout l'effet moucheté. Vérifiez-en d'abord la consistance et veillez à ce que la brosse ne soit pas trop chargée.

Évitez aussi la frénésie des couleurs en choisissant une gamme trop large. Limitez votre choix à deux ou trois teintes et testez-les sur un morceau de carton. Vues de loin, des couleurs de même intensité se neutralisent.

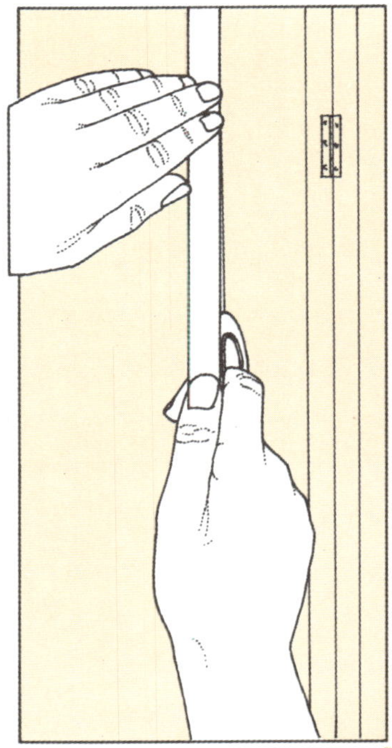

◀ *Une fois la couche de base bien sèche, délimitez la zone de travail avec du ruban-cache. Protégez toujours l'espace environnant, pour ne pas éclabousser la table ou le plancher. Utilisez une brosse ronde en soies de porc.*

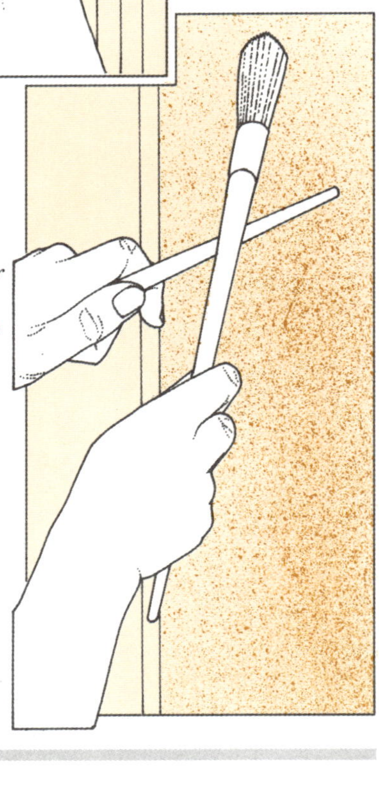

▶ *Pour de petits meubles, le glacis doit être suffisamment liquide pour être projeté par tapotement du pinceau sur un bâton ou votre doigt si vous maîtrisez mieux cette méthode.*

MATÉRIEL

- Sous-couche
- Glacis teinté (voir p. 99) : glacis transparent 50 %, white spirit 50 %, couleur à l'huile (à volonté)
- Bac à peinture
- Brosse ronde en soies de porc
- Manche de brosse ou bâton
- Ruban-cache
- White spirit
- Petite brosse en sanglier

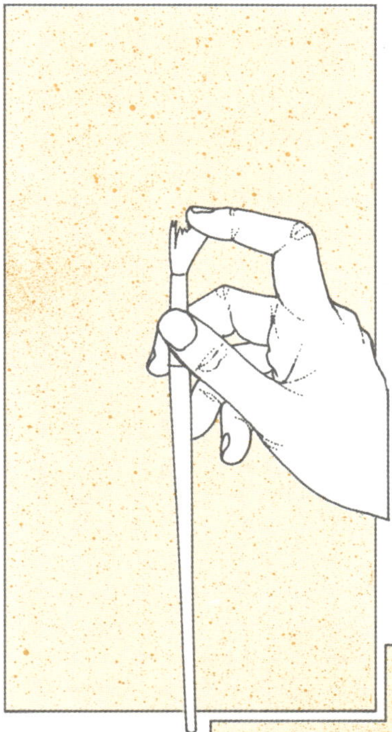

◀ *Pour de fines éclaboussures, utilisez une petite brosse en sanglier. Tenez-la fermement en main et ébouriffez ses soies.*

▶ *Si vous utilisez plusieurs couleurs, prenez soin de choisir des tons qui s'harmonisent. Laissez sécher chaque couche avant de passer à la suivante. Ne cherchez pas à obtenir des motifs définis, mais concentrez-vous sur la surface. De temps en temps, prenez du recul pour juger de l'effet d'ensemble.*

Ne retirez le ruban-cache qu'une fois les projections bien sèches. Sinon, vous risquez de tacher les zones que vous aviez pris soin de protéger des éclaboussures.

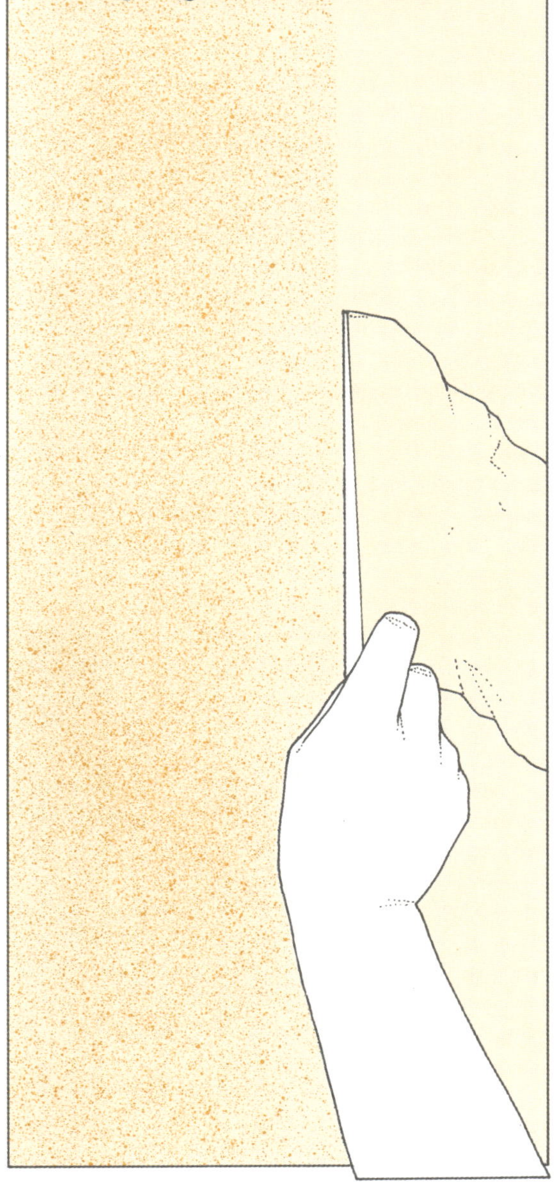

IMITER LE MARBRE

IL S'AGIT D'UNE TECHNIQUE très ancienne et les effets obtenus varient considérablement selon les couleurs et les motifs. Servez-vous d'un vrai marbre comme modèle pour décorer des surfaces traditionnellement en marbre (plateau de table ou de commode, coiffeuse...). Mais il peut être amusant de marbrer une baignoire ou le bois d'un fauteuil.

Comme il existe divers procédés, entraînez-vous d'abord sur un morceau d'Isorel. Appliquez un glacis sur une base blanc cassé, puis brouillez la surface encore humide. Ajoutez le veinage lorsque le glacis a pris.

Le plus difficile consiste à réaliser la veinure. Si vous laissez d'abord sécher complètement la première couche, vous pouvez essuyer le veinage et recommencer sans gâcher votre premier travail.

Les meubles ayant une large surface plane sont ceux qui conviennent le mieux. Les parties sculptées sont les plus difficiles à traiter. Gardez bien en tête la couleur et le sens de la veine. Ne multipliez ni les motifs, ni les couleurs, n'allez pas dans toutes les directions. Les marbres naturels sont d'ordinaire veinés dans une seule direction et les couleurs ne se heurtent pas.

MATÉRIEL

- Sous-couche
- Glacis teinté (voir p. 99) : glacis transparent 55 %, white spirit 45 %, couleur à l'huile (à volonté)
- Chiffon doux
- Brosses rondes
- Blaireau à estomper et petite brosse en sanglier
- Chiffons, vieux journaux, film plastique alimentaire, éponges, plumes
- Brosse à pocher pour les éléments sculptés
- Traînard à filets, biseauté ou non, ou brosse en poils de martre

EFFETS MARBRÉS

__Le marbre blanc__ a une base blanche, avec une touche de bleu, et de légers tons gris-vert et gris-jaune.

__Le marbre mordoré__ a une base noire veinée de jaune ocre et de rouge indien, avec de fines lignes de dorure à la feuille.

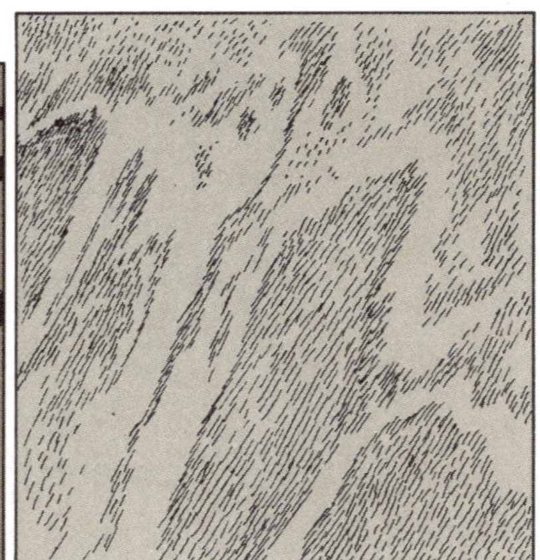

__Le marbre brun__ a une base blanche recouverte d'un glacis terre de Sienne et blanc, veiné de terre d'ombre, de terre de Sienne et de blanc.

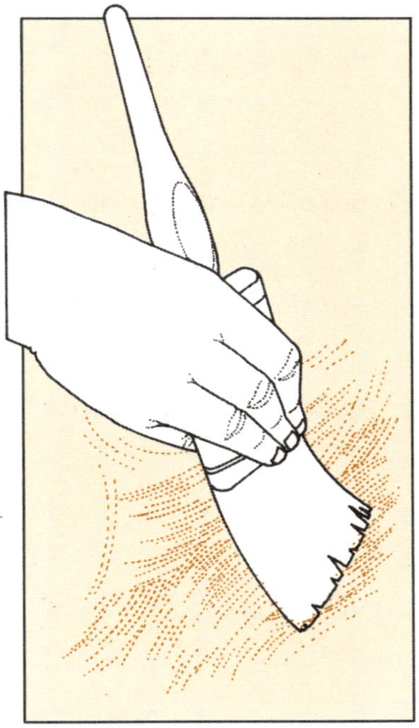

◀ *Couvrez la surface d'une base blanc cassé. Laissez sécher, poncez éventuellement pour obtenir un support bien lisse et plat.*

▶ *Passez ensuite un glacis coloré, en travaillant dans le bac à peinture et en mélangeant les couleurs au fur et à mesure. Commencez en diagonale par un ton moyen, avec une brosse ronde. Puis, avec un autre pinceau, appliquez un ton plus foncé, sans rechercher une texture particulière. Travaillez dans le même sens, sans marquer d'angles, comme si la surface avait été taillée dans un gros morceau de marbre.*

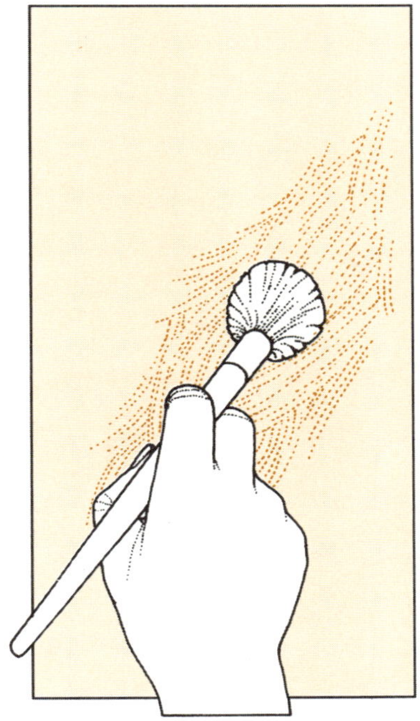

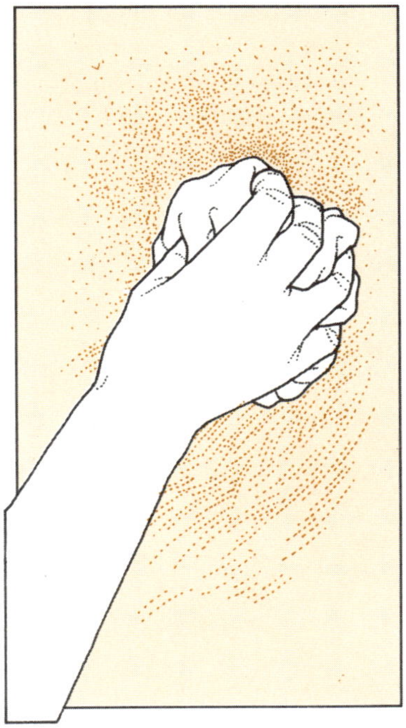

◀ *Commencez par éclaircir certaines zones en passant une brosse sèche. Ajoutez au besoin un peu de blanc, en conservant des tonalités proches, une impression de douceur pour l'ensemble, avec de légers dégradés. Avec un chiffon doux, estompez les traces de pinceau, en tamponnant sur les zones sombres.*

▶ *A l'aide d'un blaireau à estomper, fondez légèrement l'ensemble. Si vous travaillez sur une partie sculptée, servez-vous d'une brosse à pocher pour faire disparaître les coups de pinceau. Vous pouvez arrêter ou poursuivre en ajoutant des effets de patine ou de veinage.*

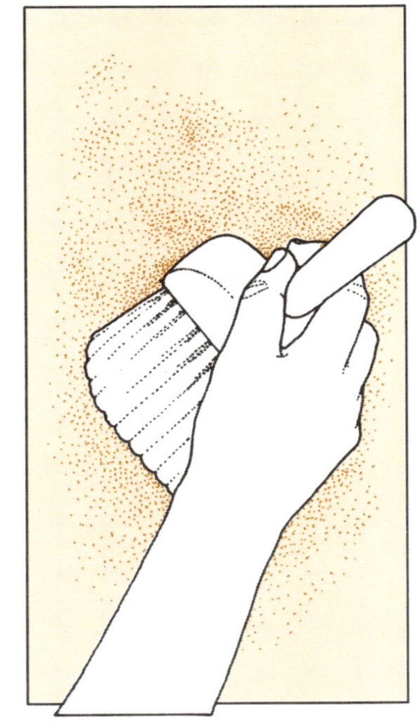

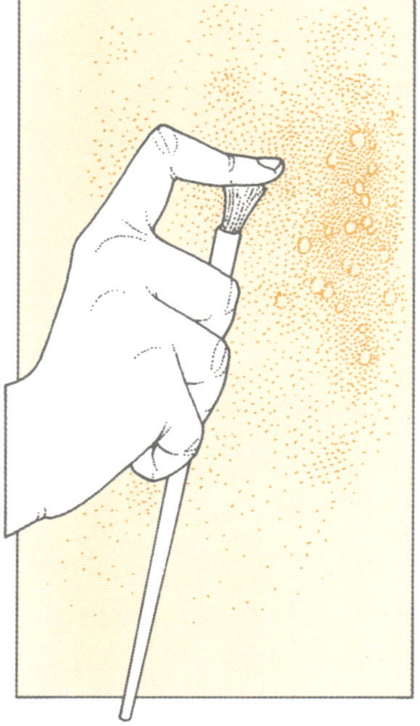

◀ Vous pouvez vieillir la surface en pulvérisant du white spirit avec un pinceau afin de casser le glacis. Faites des essais pour éviter les trop grosses gouttes.

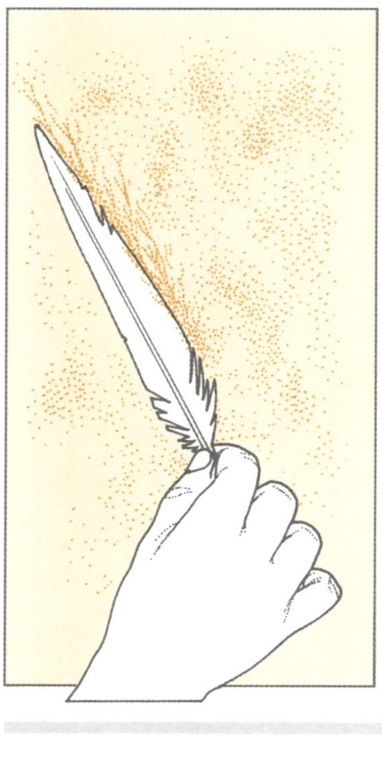

◀ Vous pouvez tracer le veinage avec un traînard biseauté, une brosse en poils de martre ou une plume d'oie. Travaillez toujours dans le même sens que le marbre et dans des tons proches. Si vous veinez une surface sèche, il sera facile d'essuyer vos erreurs. Pour être réussi, le veinage croisé exige une certaine habileté. Autrement, vous pouvez imiter la veinure en enlevant de la couleur avec une brosse fine imbibée de white spirit.

FILM PLASTIQUE

Tandis que le glacis poisse encore, appliquez des petits morceaux de film plastique alimentaire à certains endroits. Soufflez dessus puis retirez-les. Vous créerez ainsi des motifs irréguliers. Travaillez sur un glacis presque sec, les formes seraient trop marquées sur un glacis humide. Ensuite, vous pouvez adoucir les marbrures au blaireau à estomper, ou pocher la surface pour varier les effets. Un rendu différent s'obtiendra en froissant le film plastique et en le posant en diagonale, dans le sens du marbre.

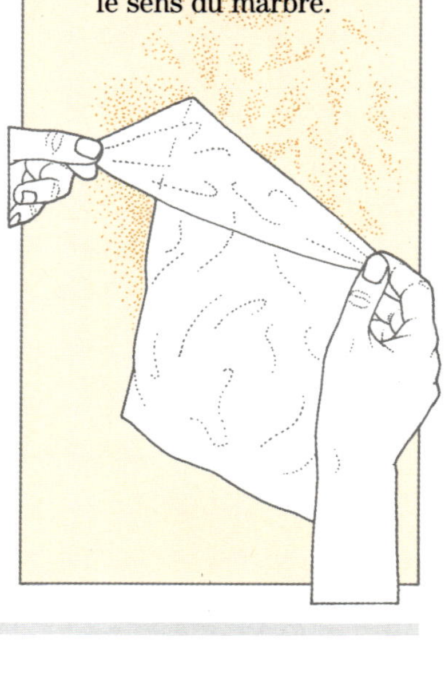

POCHAGE À L'ÉPONGE

Imbibez d'eau une éponge naturelle, essorez-la et trempez-la dans un glacis teinté à l'huile. Tamponnez légèrement la surface, de façon que les marbrures transparaissent toujours. Une fois le glacis un peu poisseux, adoucissez l'effet au blaireau ou à la brosse à pocher. Vous pouvez aussi passez une éponge imbibée de white spirit, en pochant avec légèreté pour enlever la couleur à certains endroits, comme si elle était projetée.

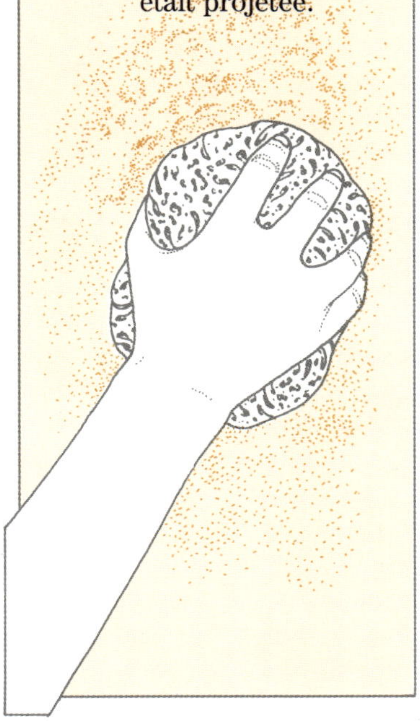

POCHAGE AU CHIFFON

Une autre idée consiste à se servir d'un vieux chiffon ou d'un journal froissé pour souiller la surface marbrée. Tout comme avec l'éponge, vous devez tester l'humidité du glacis. Plus il sera mouillé, plus l'effet sera réussi.

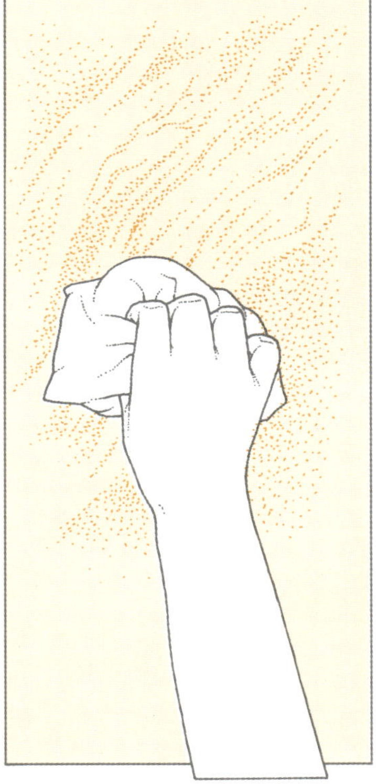

BATTRE LA SURFACE

C'est une technique de vieillissement efficace, drôle et simple. A l'aide d'un long morceau de chiffon sec, frapper la surface en diagonale, dans le sens du veinage, le glacis étant encore poisseux. Faites un test avec votre doigt, pour éviter de travailler sur un support trop mouillé. Pour terminer, adoucissez au blaireau ou à la brosse à pocher.

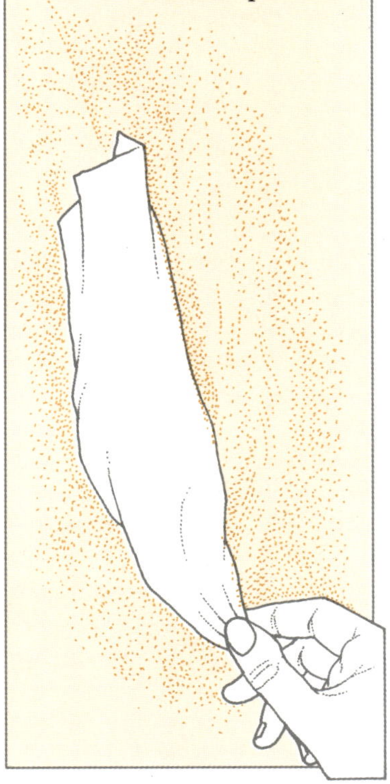

IMAGES DÉCOUPÉES

LE DÉCOUPAGE est une technique décorative simple, efficace, qui réussit sur la plupart des meubles. Vous pouvez coller une image découpée sur n'importe quelle surface assez propre pour que la colle adhère correctement. Vous pouvez découper et coller des illustrations de magazine, des gravures sans valeur, des photographies, des cartes de vœux, du papier métallisé ou des chromos. La gamme s'étend à l'infini. On trouve des recueils de découpages, reprints de catalogues anciens, à colorier à l'aquarelle ou au crayon. Testez d'abord le vernis sur le papier pour vérifier qu'il n'est pas trop poreux. Certains papiers de magazines sont transparents et l'envers risque de transparaître, il faudra donc les fixer ou les photocopier.

Découpez soigneusement les contours du motif et placez les images bord à bord, en évitant de les superposer. Etalez la colle modérément, afin d'éviter la formation de bulles, en utilisant une brosse fine d'artiste pour coller les parties étroites.

Attendez que la surface soit bien sèche, avant d'appliquer un vernis au polyuréthanne. Utilisez une brosse à vernir ou un pinceau ordinaire. Plusieurs couches sont nécessaires (certains perfectionnistes en passent plus de vingt !). Laissez bien sécher chaque couche et poncez à la laine d'acier très fine entre chaque application. Votre vernis durera des années.

MATÉRIEL

- Images découpées
- Ciseaux pointus (petits et grands)
- Colle (liquide ou en pâte)
- Rouleau
- Fixateur
- Vernis au polyuréthanne
- Brosse à vernir ou pinceau ordinaire
- Pinceau d'artiste
- Tissu éponge humide
- Éponge
- Papier de verre à grain fin
- Laine d'acier à texture fine

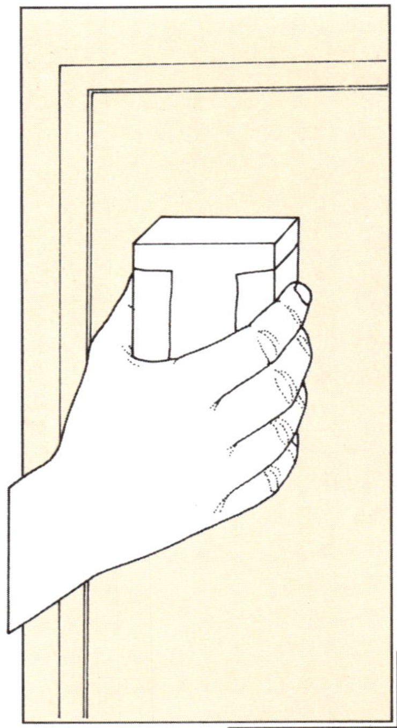

◀ Préparez le support en le nettoyant bien et en bouchant le moindre trou. Recouvrez-le d'une couche de base, puis lissez ou pochez au chiffon. Fixez. Après séchage, poncez légèrement au papier de verre fin pour que le papier adhère bien.

▶ Découpez soigneusement votre image en faisant tourner le papier plutôt que les ciseaux. Placez les découpages bord à bord sur une feuille de même format que la surface à décorer. Testez diverses compositions pour trouver celle qui vous convient.

▲ *Posez les images une à une sur le support et collez-les soigneusement, en utilisant une petite brosse d'artiste pour les bords et les coins délicats.*

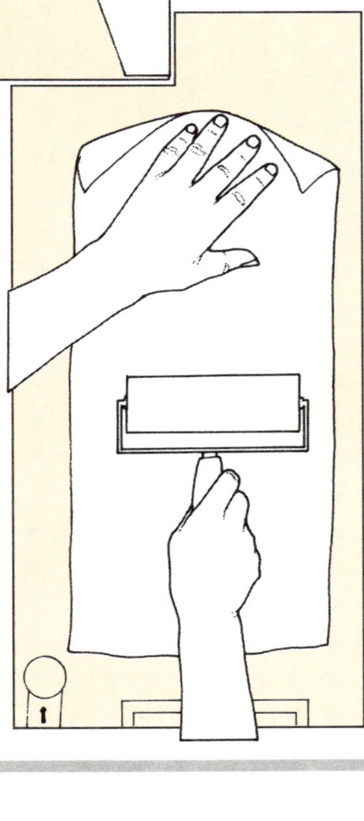

▶ *Couvrez d'un tissu éponge humide et passez un rouleau sur la surface. Enlevez l'excédent de colle à l'éponge humide. Travaillez du centre vers l'extérieur.*

▶ *Laissez sécher une nuit. Avec une brosse à vernir, appliquez jusqu'à cinq couches de vernis au polyuréthanne, pour une finition résistante. Entre chaque couche, laissez sécher 24 h puis poncez au papier de verre fin.*

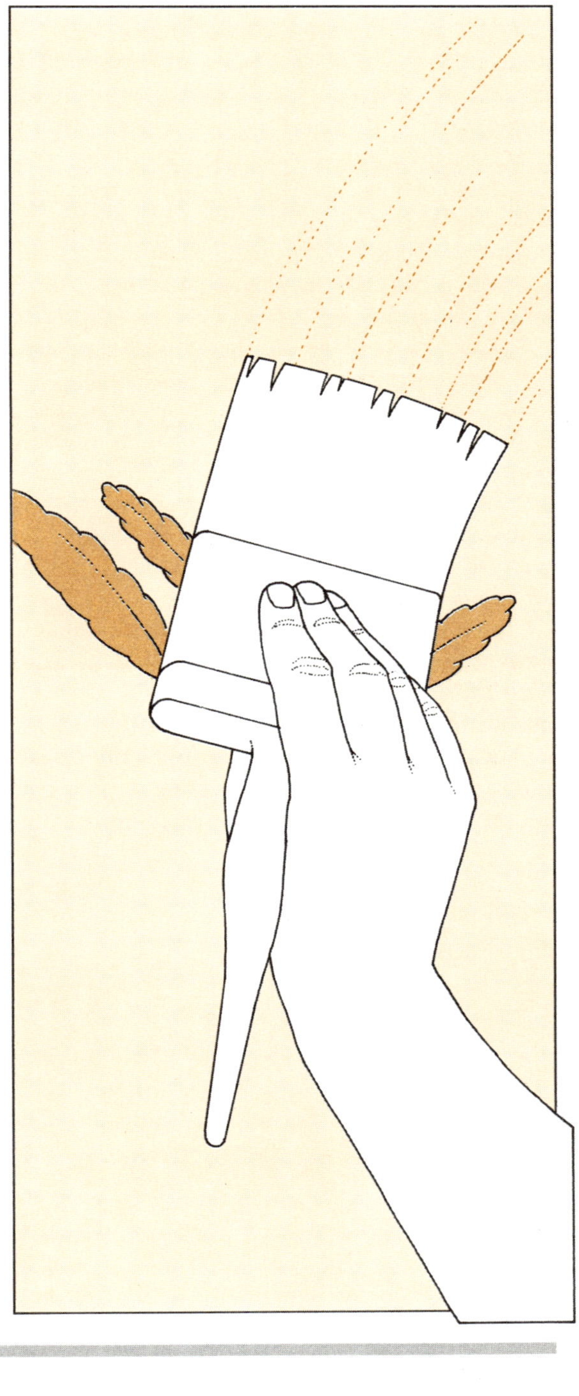

IMPRESSION

L'IMPRESSION est une technique simple qui peut se pratiquer sur un support neutre ou déjà décoré. On découpe les formes dans du bois, des légumes, des éponges et toutes sortes d'objets à textures variées. La qualité des impressions dépendra du pouvoir absorbant du support, de la peinture employée et du bloc à imprimer. Pour les bordures, un motif répété convient à merveille et son impression est facile à réaliser.

Une méthode facile consiste à découper une forme simple dans une éponge synthétique, qui permettra d'imprimer sur des surfaces inégales. Pour les supports plats et lisses, un tampon en bois conviendra mieux. Pour un maniement plus aisé, vissez une petite poignée au dos du bloc. Des formes découpées dans du carton, du liège ou du polystyrène, par exemple, peuvent se coller sur le bloc de bois.

Vous pouvez également tailler des pommes de terre, ou autres légumes coupés en deux. Utilisez alors une peinture à l'eau. Chargez la forme de peinture avec un pinceau ou en la plongeant directement dans le bac. Une fourchette servira de poignée. Les légumes mettent un certain temps à absorber la couleur et la qualité d'impression s'améliore après plusieurs essais. Essayez-les sur papier avant d'attaquer le meuble, même si le charme de ces impressions réside dans leur irrégularité.

Les gouaches pour enfants sont d'un emploi facile, mais les huiles, acryliques et peintures de bâtiment conviennent aussi. L'impression végétale réussit mieux avec une couleur à l'eau, la peinture à l'huile réagissant mal à l'eau des légumes.

Une couleur à l'eau sèche plus vite qu'une huile et vous devrez renouveler souvent son application. Pour ma part, je préfère l'huile, mais beaucoup de gens la trouvent salissante.

MATÉRIEL

- Peinture au choix
- Formes : légumes, éponge, blocs de bois, liège, bobines, polystyrène, tasses en plastique, etc.
- Pinceau ordinaire
- Bac à peinture
- Chiffon de coton

◀ *Découpez la forme dans un légume, une éponge, un morceau de bois ou tout autre objet qui convient au support.*

◀ *Pressez le tampon sur le support, en prenant soin d'imprimer avec netteté. Pour couvrir une grande surface, faites des repères à la craie.*

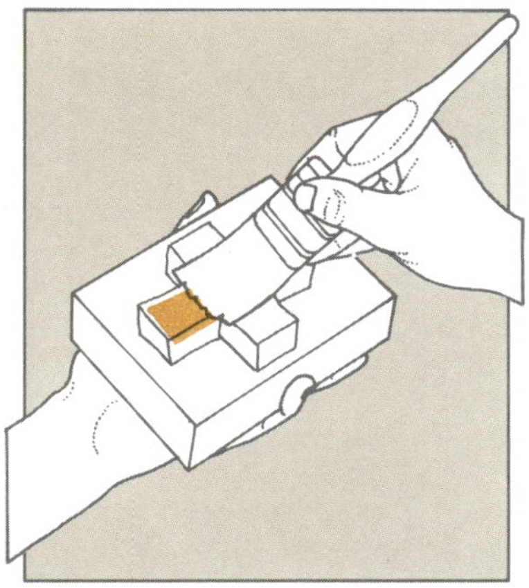

◀ *Appliquez la peinture sur le bloc, au pinceau ordinaire, ou trempez le tampon dans une petite quantité de peinture.*

◀ *Plusieurs tampons ajouteront de l'intérêt à l'impression. Si vous les superposez, laissez sécher chaque couche intermédiaire, pour éviter les mélanges indésirables. Essuyez le bloc au chiffon si vous changez de couleur.*

IMPRESSION AU POCHOIR

LES POCHOIRS se découpent dans une feuille d'acétate et du carton spécial ; on trouve aussi des pochoirs prédécoupés dans le commerce. Les motifs les plus simples produisent les meilleurs effets. Si vous les dessinez, stylisez-les au maximum.

N'oubliez pas de prévoir des arêtes. Ce sont des languettes non découpées, qui relient des parties positives isolées au milieu de parties évidées. Décalquez le motif sur une feuille d'acétate ou de la carte de Lyon et découpez-le au cutter. Si vous coupez malencontreusement une arête, réparez-la avec du ruban adhésif, au recto et au verso du pochoir. Testez le motif sur un papier, en tamponnant un peu de couleur.

Vous pouvez travailler sur n'importe quelle couche de base, mais vous connaissez maintenant mon goût pour la coquille d'œuf. Si le meuble a été ciré, nettoyez-le soigneusement. Vous pouvez travailler au pochoir directement sur le bois et fixer le motif avec de la cire d'abeille ou un vernis au polyuréthanne. Le pochage au chiffon (p. 106) ou le badigeon (p. 102) offrent également une bonne base.

Vous avez le choix entre plusieurs méthodes pour appliquer les couleurs. Une brosse à poils courts ou un crayon à pocher produisent un effet légèrement poudré, une peinture à carrosserie en bombe offre un fini raffiné aux contours nets. Appliquez les couleurs progressivement. Si vous employez une peinture à l'huile, les erreurs peuvent s'effacer au white spirit. L'acrylique sèche vite mais ne se corrige pas facilement. Limitez votre gamme de couleurs, sinon le résultat sera criard. Pour obtenir un rendu agréable à l'œil, ne chargez pas trop la brosse, et travaillez par mouvements circulaires. Changez de brosse pour chaque couleur et fondez les contours au fur et à mesure. Les petites imperfections n'apparaîtront pas dans le motif final.

MATÉRIEL

- ♦ Base coquille d'œuf ou émulsion
- ♦ Carte de Lyon ou acétate
- ♦ Peinture ou crayon à pochoir
- ♦ Planche de découpe
- ♦ Cutter
- ♦ Brosses à pochoir
- ♦ Ruban-cache
- ♦ White spirit
- ♦ Papier, crayon noir et crayon feutre

▼ Tracez le dessin, en conservant des arêtes entre les motifs à évider pour consolider le pochoir. Ombrez-les, pour vérifier que les arêtes seront solides et bien placées.

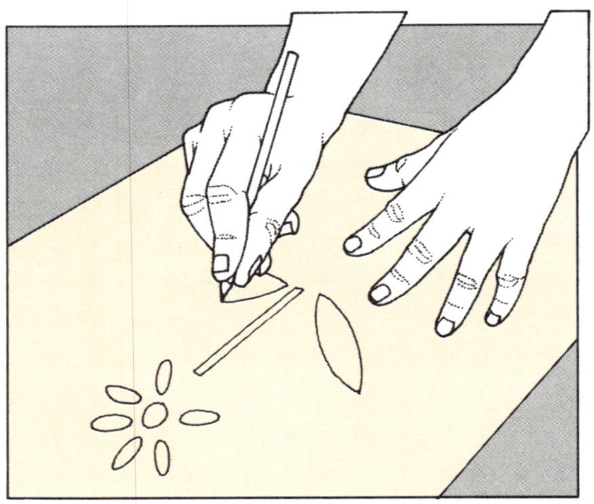

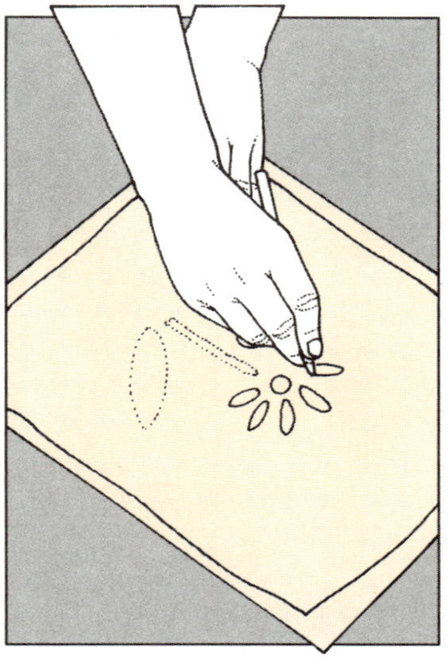

▲ *Décalquez le motif sur un carton à pochoir, ou dessinez directement sur une feuille d'acétate.*

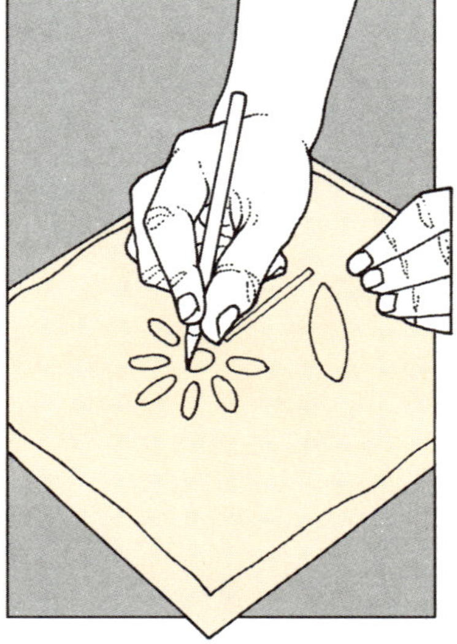

▲ *Si vous utilisez une carte de Lyon, décalquez votre dessin en frottant sur l'envers un crayon tendre.*

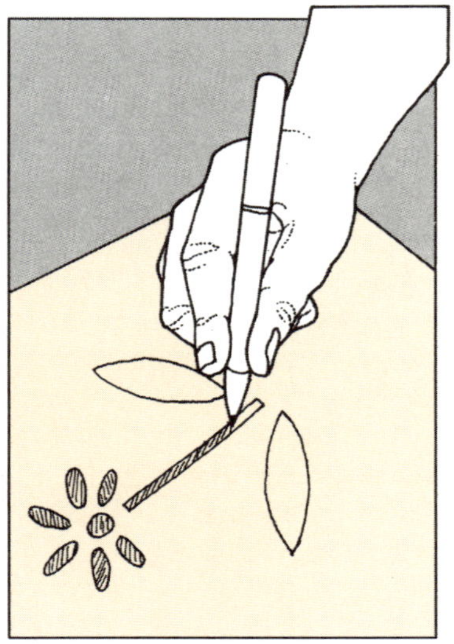

▲ *Avec un crayon à pointe feutre, noircissez les zones à découper, pour éviter les erreurs.*

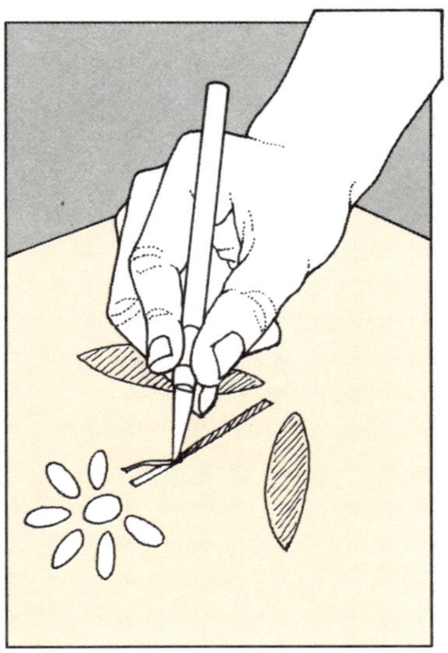

▲ *Découpez le pochoir au cutter, en tirant l'outil vers vous et en faisant tourner le carton plutôt que le cutter.*

▲ *Découpez des repères dans les coins, pour vous aider à placer le motif. Testez la couleur sur papier.*

▲ *Appliquez la couleur par petites touches, la brosse étant peu chargée. Tapotez-la en mouvements circulaires.*

▲ *Si vous employez une couleur en bombe, fixez le pochoir avec de l'adhésif et protégez bien le reste de la surface.*

▶ *Pulvérisez la couleur progressivement. Vous pouvez faire des mélanges en pulvérisant plusieurs couleurs l'une sur l'autre. Des bouts de carton vous serviront de guides.*

LES PEINTURES EN BOMBE

♦ Choisissez un vaporisateur respectant la couche d'ozone.

♦ Travaillez toujours la fenêtre ouverte, pour une bonne ventilation de la pièce.

♦ Portez au besoin un masque de protection.

♦ Secouez bien la bombe avant usage. Quand vous avez fini, retournez-la et nettoyez l'embout en pulvérisant deux ou trois fois sur un vieux journal.

♦ Si l'embout est obstrué, remplacez-le par celui d'une autre bombe.

DES OBJETS QUI DEVIENNENT DES POCHOIRS

Presque tous les objets à peu près plats peuvent servir de pochoirs comme une feuille d'arbre qui viendra en forme négative sur un fond coloré.

Les napperons de papier permettent de répéter à l'infini de ravissants motifs floraux ou étoilés. La peinture en bombe convient davantage que la brosse, car ils sont fragiles. Vaporisez en douceur, car il n'y a pas besoin d'une grosse quantité de peinture pour obtenir un résultat satisfaisant.

La dentelle permet aussi l'impression de merveilleux motifs. Dans un livre du XIXe siècle, un new-yorkais suggérait de découper des morceaux de rideaux pour réaliser des pochoirs.

Son idée consistait à fixer la dentelle dans un cadre puis à y passer une couche de gomme laque pour durcir la dentelle en séchant. Après séchage et durcissement, on retire le motif du cadre pour l'employer comme un pochoir.

Si l'idée vous attire, vous pouvez l'adapter en utilisant des voilages qui peuvent se découper selon la taille et la forme voulues. Trempez-les ensuite dans un vernis dilué, puis faites-les sécher en les étendant. Il seront prêts à servir de pochoirs.

CRAQUELURES

LE TERME S'APPLIQUE à deux procédés différents. Le premier consiste à passer un vernis à vieillir et un vernis à craqueler qui ont des temps de séchage différents, ce qui fait craqueler la surface. Le support doit être non poreux, car si la première couche de vernis pénètre le bois, aucune craquelure n'apparaîtra. L'effet obtenu fait songer à certaines faïences.

Appliquez d'abord le vernis à vieillir, laissez-le un peu sécher puis, alors qu'il est encore poisseux, passez le vernis à craqueler. Plus vous attendrez entre les deux couches, plus les craquelures seront petites. Si vous avez trop attendu, nettoyez la seconde couche avec une éponge imbibée de white spirit et répéter en écourtant le temps de séchage.

Pour accentuer l'effet craquelé, appliquez au pinceau d'artiste un glacis coloré à l'huile dans une tonalité contrastante ou assortie. Essuyez l'excédent au chiffon. Fixez la surface d'une couche de vernis au polyuréthanne.

Le second procédé consiste à passer deux couches d'émulsion, en intercalant entre elles un glacis transparent qui va repousser la deuxième couche. Le résultat final évoque une vieille peinture écaillée. On peut ensuite cirer ou vernir.

MATÉRIEL

- Vernis à craqueler
- Vernis à vieillir
- Couleur à l'huile
- Glacis transparent
- Brosses à vernir
- Chiffon de coton
- Petite brosse d'artiste
- Vernis au polyuréthanne

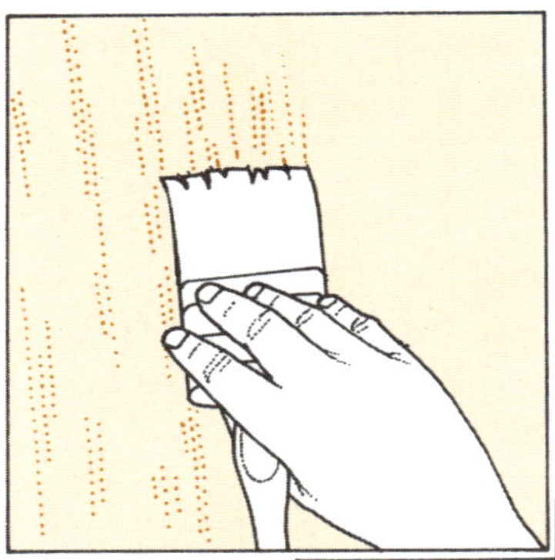

◀ *Obturer les pores avec une couche de vernis transparent au polyuréthanne. La surface doit être bien bouchée pour que le vernis à craqueler agisse correctement.*

▶ *Testez au préalable les temps de séchage des deux vernis sur un morceau de bois. La taille des craquelures dépend du temps écoulé entre les deux couches.*

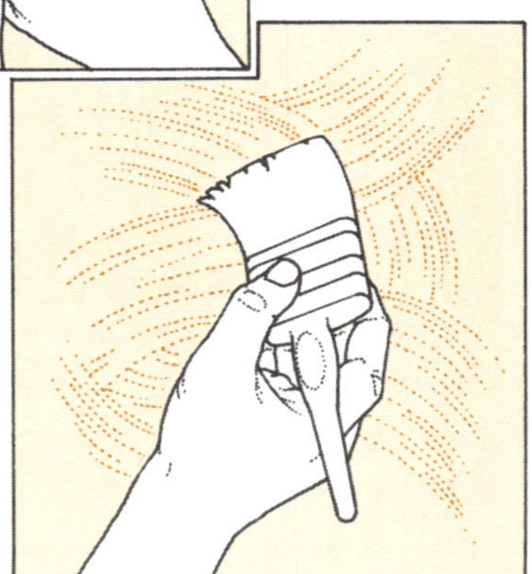

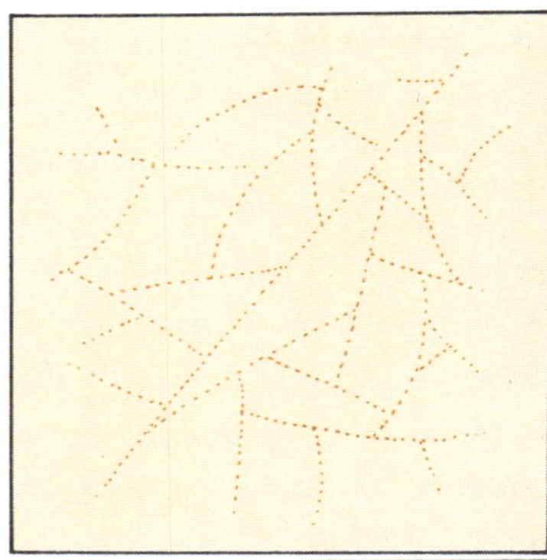

◀ *Appliquez le vernis à vieillir puis, alors qu'il est encore poisseux, le vernis à craqueler. Attention : les traces de doigt ne peuvent pas s'enlever.*

▶ *Accentuez les craquelures en passant à la brosse fine une couleur à l'huile mélangée à un glacis transparent. Ôtez l'excédent au chiffon. Vernissez.*

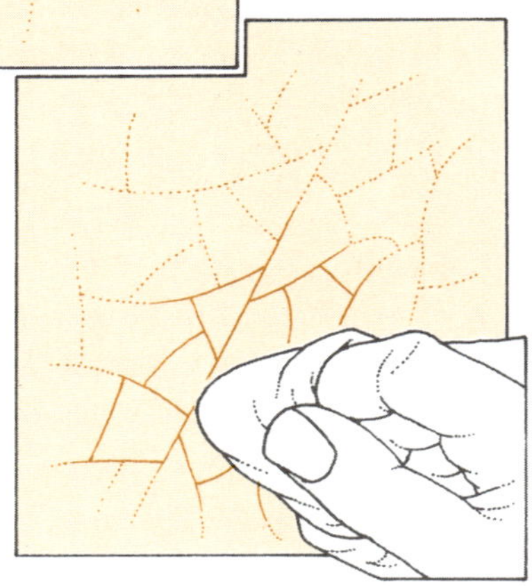

PATINE « ANTIQUAIRE »

C'EST L'ART D'IMITER les divers signes de vieillissement d'un meuble. Commencez par appliquer une couche de vernis au polyuréthanne sur le meuble peint et laissez sécher. Vous pouvez seulement patiner le décor peint sans endommager le bois. Une laine d'acier rugueuse ou un marteau à tête ronde peuvent s'utiliser en douceur pour émousser les coins et les bordures.

Les éraflures et les griffures nécessitent un traitement plus radical. Vous pouvez rayer la surface avec un trousseau de clés accroché à un cintre, ou laisser tomber une brique de 60 ou 90 cm. On peut aussi imiter les trous de vers avec des clous ou un pic à glace, enfoncés au marteau. Examinez bien les vermoulures avant d'essayer de les copier.

Votre meuble ayant ainsi acquis de l'âge, il est maintenant prêt pour l'étape suivante. Avec le doigt, frottez un peu de couleur à l'huile diluée dans les éraflures que vous venez de faire ; la terre d'ombre semble la plus « authentique ». Vous pouvez aussi frotter une cire brun sombre sur une couleur à l'eau préalablement poncée, pour révéler le bois brut ou une première couche de peinture. Laissez sécher uniformément, puis passez une ou plusieurs couches de vernis au polyuréthanne, en le souillant d'un soupçon de terre d'ombre. Attendez que chaque application sèche complètement avant de passer la suivante.

MATÉRIEL

- Couleur à l'huile : terre d'ombre
- White spirit
- Laine d'acier grossière
- Marteau à tête ronde
- Chiffon de coton
- Trousseau de clés, cintre, clous, pic à glace
- Vernis au polyuréthanne

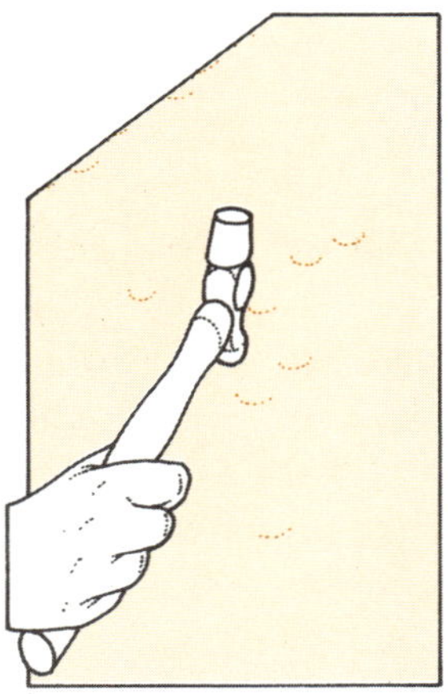

▲ *Après application et séchage d'un vernis au polyuréthanne, poncez les angles et les bordures à la laine d'acier. Tapotez avec un marteau à tête ronde pour émousser les angles et bosseler la surface.*

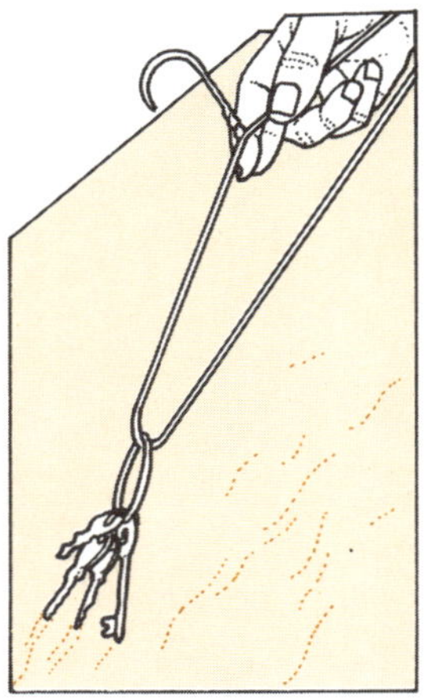

▲ *Pour les éraflures, accrochez un trousseau de clés à un cintre et frappez. Les trous de ver peuvent s'imiter à l'aide d'objets pointus enfoncés assez profondément.*

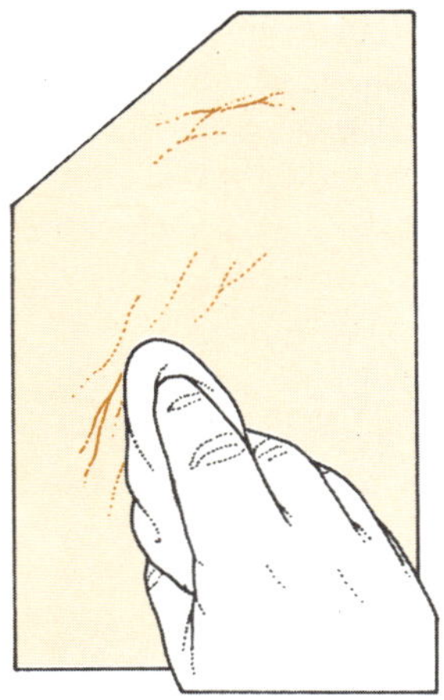

▲ *Frottez au doigt un peu de terre d'ombre diluée dans les éraflures. Ôtez l'excédent au chiffon. Laissez sécher et passez un vernis au polyuréthanne, additionné d'un soupçon de terre d'ombre.*

FLEURUS-IDÉES

COLLECTION SAVOIR CRÉER

Le bois peint
Peinture sur soie / 2
Peinture sur tissus de coton
Fleurs naturalisées : fleurs en volume et en couleurs
Peinture sous verre
Peinture sur porcelaine : techniques pour tous
Les tissus en voient de toutes les couleurs : marbrure, pulvérisation, impression à l'éponge
L'art du papier découpé
Maquillages visages
L'art de recevoir comme au Moyen-Age
Aquarelles sur soie : fleurs, paysages, portraits
Les machines singulières
Les secrets du sucre : décors et friandises
Pour le peintre amateur : dessin aquarelle, gouache, huile, pastel
Le jouet de bois
Le plaisir d'encadrer comme un professionnel
La reliure comme un professionnel
Imitation laque : découpage, collage, vernissage
Je peins sur tissus à la manière de...
Sculptures en papier plié
L'art de la peinture sur bois
L'encyclopédie des origami (3 tomes)
La peinture décorative : trompe-l'œil, imitation marbre, bois et autres effets
Histoires et secrets de pâte à sel
Pliages de serviettes pour tables de fête
Peindre la porcelaine
Introduction à l'encadrement
Décoration de la céramique
Papier mâché
Paniers et corbeilles
Papier création
La marqueterie : motif, placage, restauration
Mobilier peint
Mosaïques d'aujourd'hui
Marionnettes — Atelier et création
La fresque
Pliages de fête
Masques
Meubles et cadres en bois peint

COLLECTION MANIE-TOUT

Le tapissier amateur, réfection de sièges
Cannage - rempaillage
Le plâtre : empreinte, moulage, décoration
Cadrans solaires : construction et décoration
L'artisan - vernisseur
Cartonnage - gainerie